U0122899

心一堂術數古籍珍本叢刊

書名：未來先知秘術——文王神課

系列：心一堂術數古籍珍本叢刊 占筮類 第二輯 122

作者：【民國】張了凡

主編、責任編輯：陳劍聰

心一堂術數古籍珍本叢刊編校小組：陳劍聰 素聞 鄒偉才 虛白盧主

出版：心一堂有限公司

通訊地址：香港九龍旺角彌敦道六一〇號荷李活商業中心十八樓〇五一〇六室

深港讀者服務中心‧中國深圳市羅湖區立新路六號羅湖商業大廈負一層〇〇八室

電話號碼：(852)67150840

網址：publish.sunyata.cc

電郵：sunyatabook@gmail.com

網店：http://book.sunyata.cc

淘寶店地址：https://shop210782774.taobao.com

微店地址：https://weidian.com/s/1212826297

臉書：https://www.facebook.com/sunyatabook

讀者論壇：http://bbs.sunyata.cc/

平裝

版次：二零一九年一月初版

港幣 七十八元正

定價： 新台幣 兩百九十八元正

國際書號：ISBN 978-988-8582-30-3

香港發行：香港聯合書刊物流有限公司

地址：香港新界大埔汀麗路36號中華商務印刷大廈3樓

電話號碼：(852)2150-2100

傳真號碼：(852)2407-3062

電郵：info@suplogistics.com.hk

台灣發行：秀威資訊科技股份有限公司

地址：台灣台北市內湖區瑞光路七十六巷六十五號一樓

電話號碼：+886-2-2796-3638

傳真號碼：+886-2-2796-1377

網絡書店：www.bodbooks.com.tw

台灣國家書店讀者服務中心：

地址：台灣台北市中山區松江路二〇九號一樓

電話號碼：+886-2-2518-0207

傳真號碼：+886-2-2518-0778

網絡書店：http://www.govbooks.com.tw

中國大陸發行 零售：深圳心一堂文化傳播有限公司

深圳地址：深圳市羅湖區立新路六號羅湖商業大廈負一層〇〇八室

電話號碼：(86)0755-82224934

心一堂微店二維碼

心一堂淘寶店二維碼

心一堂術數古籍 珍本 叢刊 整理 總序

術數定義

術數，大概可謂以「推算（推演）、預測人（個人、群體、國家等）、事、物、自然現象、時間、空間方位等規律及氣數，並或通過種種『方術』，從而達致趨吉避凶或某種特定目的」之知識體系和方法。

術數類別

我國術數的內容類別，歷代不盡相同，例如《漢書‧藝文志》中載，漢代術數有六類：天文、曆譜、五行、蓍龜、雜占、形法。至清代《四庫全書》，術數類則有：數學、占候、相宅相墓、占卜、命書、相書、陰陽五行、雜技術等，其他如《後漢書‧方術部》、《藝文類聚‧方術部》、《太平御覽‧方術部》等，對於術數的分類，皆有差異。古代多把天文、曆譜、及部分數學均歸入術數類，而民間流行亦視傳統醫學作為術數的一環；此外，有些術數與宗教中的方術亦往往難以分開。現代民間則常將各種術數歸納為五大類別：命、卜、相、醫、山，通稱「五術」。

本叢刊在《四庫全書》的分類基礎上，將術數分為九大類別：占筮、星命、相術、堪輿、選擇、三式、讖諱、理數（陰陽五行）、雜術（其他）。而未收天文、曆譜、算術、宗教方術、醫學。

術數思想與發展──從術到學，乃至合道

我國術數是由上古的占星、卜筮、形法等術發展下來的。其中卜筮之術，是歷經夏商周三代而通過「龜卜、蓍筮」得出卜（筮）辭的一種預測（吉凶成敗）術，之後歸納並結集成書，此即現傳之《易

總序

一

經》。經過春秋戰國至秦漢之際，受到當時諸子百家的影響、儒家的推崇，遂有《易傳》等的出現，原本是卜筮術書的《易經》，被提升及解讀成有包涵「天地之道（理）」之學。因此，《易‧繫辭傳》曰：「易與天地準，故能彌綸天地之道。」

漢代以後，易學中的陰陽學說，與五行、九宮、干支、氣運、災變、律曆、卦氣、讖緯、天人感應說等相結合，形成易學中象數系統。而其他原與《易經》本來沒有關係的術數，如占星、形法、選擇，亦漸漸以易理（象數學說）為依歸。《四庫全書‧易類小序》云：「術數之興，多在秦漢以後。要其旨，不出乎陰陽五行，生尅制化。實皆《易》之支派，傅以雜說耳。」至此，術數可謂已由「術」發展成「學」。

及至宋代，術數理論與理學中的河圖洛書、太極圖、邵雍先天之學及皇極經世等學說給合，通過術數以演繹理學中「天地中有一太極，萬物中各有一太極」（《朱子語類》）的思想。術數理論不單已發展至十分成熟，而且也從其學理中衍生一些新的方法或理論，如《梅花易數》、《河洛理數》等。

在傳統上，術數功能往往不止於僅僅作為趨吉避凶的方術，及「能彌綸天地之道」的學問，亦有其「修心養性」的功能，「與道合一」（修道）的內涵。《素問‧上古天真論》：「上古之人，其知道者，法於陰陽，和於術數。」數之意義，不單是外在的算數、歷數、氣數，而是與理學中同等的「道」、「理」──心性的功能，北宋理氣家邵雍對此多有發揮：「聖人之心，是亦數也」、「萬化萬事生乎心」、「心為太極」。《觀物外篇》：「先天之學，心法也。……蓋天地萬物之理，盡在其中矣，心一而不分，則能應萬物。」反過來說，宋代的術數理論，受到當時理學、佛道及宋易影響，認為心性本質上是等同天地之太極。天地萬物氣數規律，能通過內觀自心而有所感知，即是內心也已具備有術數的推演及預測、感知能力；相傳是邵雍所創之《梅花易數》，便是在這樣的背景下誕生。

《易‧文言傳》已有「積善之家，必有餘慶；積不善之家，必有餘殃」之說，至漢代流行的災變說及讖緯說，我國數千年來都認為天災，異常天象（自然現象），皆與一國或一地的施政者失德有關；下

至家族、個人之盛衰，也都與一族一人之德行修養有關。因此，我國術數中除了吉凶盛衰理數之外，人心的德行修養，也是趨吉避凶的一個關鍵因素。

術數與宗教、修道

在這種思想之下，我國術數不單只是附屬於巫術或宗教行為的方術，又往往是一種宗教的修煉手段──通過術數，以知陰陽，乃至合陰陽（道）。「其知道者，法於陰陽，和於術數。」例如，「奇門遁甲」術中，即分為「術奇門」與「法奇門」兩大類。「法奇門」中有大量道教中符籙、手印、存想、內煉的內容，是道教內丹外法的一種重要外法修煉體系。甚至在雷法一系的修煉上，亦大量應用了術數內容。此外，相術、堪輿術中也有修煉望氣（氣的形狀、顏色）的方法；堪輿家除了選擇陰陽宅之吉凶外，也有道教中選擇適合修道環境（法、財、侶、地中的地）的方法，以至通過堪輿術觀察天地山川陰陽之氣，亦成為領悟陰陽金丹大道的一途。

易學體系以外的術數與的少數民族的術數

我國術數中，也有不用或不全用易理作為其理論依據的，如揚雄的《太玄》、司馬光的《潛虛》。也有一些占卜法、雜術不屬於《易經》系統，不過對後世影響較少而已。

外來宗教及少數民族中也有不少雖受漢文化影響（如陰陽、五行、二十八宿等學說。）但仍自成系統的術數，如古代的西夏、突厥、吐魯番等占卜及星占術，藏族中有多種藏傳佛教占卜術、苯教占卜術、擇吉術、推命術、相術等；北方少數民族有薩滿教占卜術；不少少數民族如水族、白族、布朗族、佤族、彝族、苗族等，皆有占雞（卦）草卜、雞蛋卜等術，納西族的占星術、占卜術，彝族畢摩的推命術、占卜術……等等，都是屬於《易經》體系以外的術數。相對上，外國傳入的術數以及其理論，對我國術數影響更大。

曆法、推步術與外來術數的影響

我國的術數與曆法的關係非常緊密。早期的術數中，很多是利用星宿或星宿組合的位置（如某星在某州或某宮某度）付予某種吉凶意義，并據之以推演，例如歲星（木星）、月將（某月太陽所躔之宮次）等。不過，由於不同的古代曆法推步的誤差及歲差的問題，若干年後，其術數所用之星辰的位置，已與真實星辰的位置不一樣了；此如歲星（木星），早期的曆法及術數以十二年為一周期（以應地支），與木星真實周期十一點八六年，每幾十年便錯一宮。後來術家又設一「太歲」的假想星體來解決，是歲星運行的相反，週期亦剛好是十二年。而術數中的神煞，很多即是根據太歲的位置而定。又如六壬術中的「月將」，原是立春節氣後太陽躔娵訾之次而稱作「登明亥將」，至宋代，因歲差的關係，要到雨水節氣後太陽才躔娵訾之次，當時沈括提出了修正，但明清時六壬術中「月將」仍然沿用宋代沈括修正的起法沒有再修正。

由於以真實星象周期的推步術是非常繁複，而且古代星象推步術本身亦有不少誤差，大多數術數除依曆書保留了太陽（節氣）、太陰（月相）的簡單宮次計算外，漸漸形成根據干支、日月等的各自起例，以起出其他具有不同含義的眾多假想星象及神煞系統。唐宋以後，我國絕大部分術數都主要沿用這一系統，也出現了不少完全脫離真實星象的術數，如《子平術》、《紫微斗數》、《鐵版神數》等。後來就連一些利用真實星辰位置的術數，如《七政四餘術》及選擇法中的《天星選擇》，也已與假想星象及神煞混合而使用了。

隨着古代外國曆（推步）、術數的傳入，如唐代傳入的印度曆法及術數，元代傳入的回回曆等，其中我國占星術便吸收了印度占星術中羅睺星、計都星等而形成四餘星，又通過阿拉伯占星術而吸收了其中來自希臘、巴比倫占星術的黃道十二宮、四大（四元素）學說（地、水、火、風），並與我國傳統的二十八宿、五行說、神煞系統並存而形成《七政四餘術》。此外，一些術數中的北斗星名，不用我國傳統的星名：天樞、天璇、天璣、天權、玉衡、開陽、搖光，而是使用來自印度梵文所譯的：貪狼、巨

門、祿存、文曲、廉貞、武曲、破軍等，此明顯是受到唐代從印度傳入的曆法及占星術所影響。如星命術中的《紫微斗數》及堪輿術中的《撼龍經》等文獻中，其星皆用印度譯名。及至清初《時憲曆》，置閏之法則改用西法「定氣」。清代以後的術數，又作過不少的調整。

此外，我國相術中的面相術、手相術，唐宋之際受印度相術影響頗大，至民國初年，又通過翻譯歐西、日本的相術書籍而大量吸收歐西相術的內容，形成了現代我國坊間流行的新式相術。

陰陽學——術數在古代、官方管理及外國的影響

術數在古代社會中一直扮演着一個非常重要的角色，影響層面不單只是某一階層、某一職業、某一年齡的人，而是上自帝王，下至普通百姓，從出生到死亡，不論是生活上的小事如洗髮、出行等，大事如建房、入伙、出兵等，從個人、家族以至國家，從天文、氣象、地理到人事、軍事，從民俗、學術到宗教，都離不開術數的應用。我國最晚在唐代開始，已把以上術數之學，稱作陰陽（學），行術數者稱陰陽人。（敦煌文書、斯四三二七唐《師師漫語話》：「以下說陰陽人謾語話」，此說法後來傳入日本，今日本人稱行術數者為「陰陽師」）。一直到了清末，欽天監中負責陰陽術數的官員中，以及民間術數之士，仍名陰陽生。

古代政府的中欽天監（司天監），除了負責天文、曆法、輿地之外，亦精通其他如星占、選擇、堪輿等術數，除在皇室人員及朝庭中應用外，也定期頒行日書、修定術數，使民間對於天文、日曆用事吉凶及使用其他術數時，有所依從。

我國古代政府對官方及民間陰陽學及陰陽官員，從其內容、人員的選拔、培訓、認證、考核、律法監管等，都有制度。至明清兩代，其制度更為完善、嚴格。

宋代官學之中，課程中已有陰陽學及其考試的內容。（宋徽宗崇寧三年〔一一零四年〕崇寧算學令：「諸學生習……並曆算、三式、天文書。」「諸試……三式即射覆及預占三日陰陽風雨。天文即預

定一月或一季分野災祥，並以依經備草合問為通。」

金代司天臺，從民間「草澤人」（即民間習術數人士）考試選拔：「其試之制，以《宣明曆》試

推步，及《婚書》、《地理新書》試合婚、安葬，並《易》筮法，六壬課、三命、五星之術。」（《金

史》卷五十一‧志第三十二‧選舉一）

元代為進一步加強官方陰陽學對民間的影響、管理、控制及培育，除沿襲宋代、金代在司天監掌管

陰陽學及中央的官學陰陽學課程之外，更在地方上增設陰陽學教授員，培育及管轄地方陰陽人。（《元史‧

選舉志一》：「（元仁宗）延祐初，令陰陽人依儒醫例，於路、府、州設教授員，凡陰陽人皆管轄之，

而上屬於太史焉。」）自此，民間的陰陽術士（陰陽人），被納入官方的管轄之下。

至明清兩代，陰陽學制度更為完善。中央欽天監掌管陰陽學，明代地方縣設陰陽學正術，各州設陰

陽學典術，各縣設陰陽學訓術。陰陽人從地方陰陽學肄業或被選拔出來後，再送到欽天監考試。（《大

明會典》卷二二三：「凡天下府州縣到陰陽人堪任正術等官者，俱從吏部送（欽天監），考中，送回

選用；不中者發回原籍為民，原保官吏治罪。」）清代大致沿用明制，凡陰陽術數之流，悉歸中央欽天

監及地方陰陽官員管理、培訓、認證。至今尚有「紹興府陰陽印」、「東光縣陰陽學記」等明代銅印，

及某某縣某某之清代陰陽執照等傳世。

清代欽天監漏刻科對官員要求甚為嚴格。《大清會典》「國子監」規定：「凡算學之教，設肄業

生。滿洲十有二人，蒙古、漢軍各六人，於各旗官學內考取。漢十有二人，於舉人、貢監生童內考取。

附學生二十四人，由欽天監選送。教以天文演算法諸書，五年學業有成，舉人引見以欽天監博士用，貢

監生童以天文生補用。」學生在官學肄業、貢監生肄業或考得舉人後，經過了五年對天文、算法、陰陽

學的學習，其中精通陰陽術數者，會送往漏刻科。而在欽天監供職的官員，《大清會典則例》「欽天

監」規定：「本監官生三年考核一次，術業精通者，保題升用。不及者，停其升轉，再加學習。如能罷

勉供職，即予開復。仍不及者，降職一等，再令學習三年，能習熟者，准予開復，仍不能者，黜退。」

除定期考核以定其升用降職外，《大清律例》中對陰陽術士不準確的推斷（妄言禍福）是要治罪的。

《大清律例．一七八．術七．妄言禍福》：「凡陰陽術士，不許於大小文武官員之家妄言禍福，違者杖

一百。其依經推算星命卜課，不在禁限。」大小文武官員延請的陰陽術士，自然是以欽天監漏刻科官員

或地方陰陽官員為主。

官方陰陽學制度也影響鄰國如朝鮮、日本、越南等地，一直到了民國時期，鄰國仍然沿用著我國的

多種術數。而我國的漢族術數，在古代甚至影響遍及西夏、突厥、吐蕃、阿拉伯、印度、東南亞諸國。

術數研究

術數在我國古代社會雖然影響深遠，「是傳統中國理念中的一門科學，從傳統的陰陽、五行、九

宮、八卦、河圖、洛書等觀念作大自然的研究。……傳統中國的天文學、數學、煉丹術等，要到上世紀

中葉始受世界學者肯定。可是，術數還未受到應得的注意。術數在傳統中國科技史、思想史、文化史、

社會史，甚至軍事史都有一定的影響。……更進一步了解術數，我們將更能了解中國歷史的全貌。」

（何丙郁《術數、天文與醫學中國科技史的新視野》，香港城市大學中國文化中心。）

可是術數至今一直不受正統學界所重視，加上術家藏秘自珍，又揚言天機不可洩漏，「（術數）乃

吾國科學與哲學融貫而成一種學說，數千年來傳衍嬗變，或隱或現，全賴一二有心人為之繼續維繫，賴

以不絕，其中確有學術上研究之價值，非徒癡人說夢，荒誕不經之謂也。其所以至今不能在科學中成立

一種地位者，實有數因。蓋古代士大夫階級目醫卜星相為九流之學，多恥道之；而發明諸大師又故為惝

恍迷離之辭，以待後人探索；間有一二賢者有所發明，亦秘莫如深，既恐洩天地之秘，復恐譏為旁門左

道，始終不肯公開研究，成立一有系統說明之書籍，貽之後世。故居今日而欲研究此種學術，實一極困

難之事。」（民國徐樂吾《子平真詮評註》，方重審序）

現存的術數古籍，除極少數是唐、宋、元的版本外，絕大多數是明、清兩代的版本。其內容也主要是明、清兩代流行的術數，唐宋或以前的術數及其書籍，大部分均已失傳，只能從史料記載、出土文獻、敦煌遺書中稍窺一鱗半爪。

術數版本

坊間術數古籍版本，大多是晚清書坊之翻刻本及民國書賈之重排本，其中豕亥魚魯，或任意增刪，往往文意全非，以至不能卒讀。現今不論是術數愛好者，還是民俗、史學、社會、文化、版本等學術研究者，要想得一常見術數書籍的善本、原版，已經非常困難，更遑論如稿本、鈔本、孤本等珍稀版本。

在文獻不足及缺乏善本的情況下，要想對術數的源流、理法、及其影響，作全面深入的研究，幾不可能。

有見及此，本叢刊編校小組經多年努力及多方協助，在海內外搜羅了二十世紀六十年代以前漢文為主的術數類善本、珍本、鈔本、孤本、稿本、批校本等數百種，精選出其中最佳版本，分別輯入兩個系列：

一、心一堂術數古籍珍本叢刊
二、心一堂術數古籍整理叢刊

前者以最新數碼（數位）技術清理、修復珍本原本的版面，更正明顯的錯訛，部分善本更以原色彩色精印，務求更勝原本。并以每百多種珍本、一百二十冊為一輯，分輯出版，以饗讀者。

後者延請、稿約有關專家、學者，以善本、珍本等作底本，參以其他版本，古籍進行審定、校勘、注釋，務求打造一最善版本，方便現代人閱讀、理解、研究等之用。

限於編校小組的水平，版本選擇及考證、文字修正、提要內容等方面，恐有疏漏及舛誤之處，懇請方家不吝指正。

心一堂術數古籍 珍本 叢刊編校小組
心一堂術數古籍 整理 叢刊編校小組

二零零九年七月序
二零一四年九月第三次修訂

未來先知秘術

知秘術　未來先

文王神課

文王神課目次

文王神課　目次

二

文王神課

一、卜卦入門

壬水癸
乾金亥
辛金酉　甲木卯乙
庚　　　　　辰巳巽
戊己
申未坤　　丑寅艮
午火丁
離　　丙

◆八卦陰陽歌訣（熟讀）

乾為父震為長男坎為中男艮為少男俱屬陽坤為大母。

巽為長女離為中女兌為少女俱屬陰。

◆六十四卦歌訣（熟讀）

乾為天天風姤天山遯天地否風地觀山地剝火地晉火
天大有為乾宮八卦俱屬金。

坎為水水澤節水雷屯水火既濟澤火革雷火豐地火明
夷地水師為坎宮八卦俱屬水。

艮為山山火賁山天大畜山澤損火澤睽天澤履風澤中
孚風山漸為艮宮八卦俱屬土。

震為雷雷地豫雷水解雷風恆地風升水風井澤風大過
澤雷隨為震宮八卦俱屬木。

巽為風風天小畜風火家人風雷益天雷無妄火雷噬嗑
山雷頤山風蠱為巽宮八卦俱屬木。

離為火火山旅火風鼎火水未濟山水蒙風水渙天水訟
天火同人為離宮八卦俱屬火。

坤為地地雷復地澤臨地天泰雷天大壯澤天夬水天需
水地比為坤宮八卦俱屬土。

兌為澤澤水困澤地萃澤山咸水山蹇地山謙雷山小過
雷澤歸妹為兌宮八卦俱屬金。

◆以錢代蓍占卦法

心一堂術數古籍珍本叢刊　占筮類

文王神課　一　卜卦入門

卜卦之法自周文拘囚羑里演易爲六十四卦闡明易理之祕旨，其道大備，因是有文王課之名，後世卜易者都敬牽周文爲老祖。古時占卦例用蓍草，亦憑單雙爲爻數，自京房始創以錢代蓍之法，後學取其活動便捷，咸奉爲圭臬，至今幾不知有用蓍占課之法矣。代蓍法每遇占課，雙手捧持長約三四寸之有蓋小竹筒，內藏銅錢三枚，熏於爐香上端，凝神惟誠。祝曰「天何言哉，叩即卽應，感而遂通。今有某某（問事人姓名）有事關心，不知休咎，罔釋厥疑，惟神惟靈，若可若否，望垂昭報。」祝畢手持竹筒上下搖動，盡出看看，是一背爲單，記號爲一、。兩背爲拆，記號爲兩八，三背爲重，畫上一○三字爲交，打上一、。一背單爻爲陽（擲得字背之記號俱稱爻，第一擲爲初爻，第二擲爲二爻，第三擲爲三爻，自下裝上）。得三背爲陽動，例作一點，兩背拆爻爲陰，動得三字謂之陰動，例作兩八，三擲得三爻而內卦成，再祝曰「某宮三象吉凶未判，再求外卦」，祝畢再搖再擲，記號如前，稱作四爻、五爻、六爻，如得單單單拆拆拆曰乾，單拆單拆單拆曰離，拆單拆曰坎，餘卦類推（參看第四章）。三背三字之爻謂發動，動必有變，重變拆，爻變單。

◆卦象三爻寫法（自下裝上）

乾三連、、、。坤六斷。八八八。連得三爻俱是單爲乾卦。坤六斷八八八，連得三爻俱是拆爲坤卦。震仰盂八八、，初爻單二爻三爻俱是拆爲震卦。艮覆盌、、八，初爻拆二爻拆三爻單爲艮卦。坎中滿八、八，初爻拆二爻單三爻拆爲坎卦。離中虛、八、，初爻單二爻拆三爻單爲離卦。兌上缺、、八，初爻二爻俱是單三爻拆爲兌卦。巽下斷八、、，初爻拆二爻三爻俱是單爲巽卦。

◆點卦舉例說明

```
八八八
六爻　五○　四爻（上三爻爲外卦）×
三○　二爻　初爻（下三爻爲內卦）

八×
六爻　五爻　四爻　×
三爻　○　二爻　初爻
```

初學點卦，但見一點兩點無動爻之卦容易明白，如見○兒×兒之動爻卦，如上式者不甚明白，宜細心演習。如占得此卦，另紙點出，將圈下加一點，×下加兩點，欲知何卦，參看動卦圖及演式，餘卦類推。因動爻不能作原卦論，例如乾卦第六爻變動，戊土變爲未土，與夬卦第六爻同，六親雖不改，當易名乾之夬。

◆動變世應說明

六爻不動則不變不動者。祇見一背兩背也若見三背三
字點作○×者謂之動動則必變例如乾卦、、、初爻
動則變成巽卦。、、八又如坤卦三爻動×××變作乾
卦。、、、是即陽動變陰陰動變陽之例也上列卦象三
爻寫法祇分八宮未能概括六十四卦之世爻於是一點二點隔世之
外又用世應兩字為區別配卦全憑世爻為準則隔世爻
兩位便是應爻須將六十四卦之世爻位次讀熟則點定
爻象後即知屬何卦名要知世爻為卜易之最要關鍵既
為配卦之眉目更為論斷吉凶之標準也

◆世爻生剋吉凶

凡自占吉凶者以世爻為用神尋地以世爻為穴世爻旺
相或日月動爻生扶或應來生世合世（憑干支五行生
剋冲合推詳）及世動化吉化回頭生化進神者諸占皆
吉不宜世值休囚及被日月動爻冲剋或應來冲剋世
及世動化凶化回頭剋化退神者諸占皆凶世爻發動變
出巳午之火謂之回頭生世變出寅卯之木謂之回頭剋
世變出辰土謂之回頭冲世變出卯木謂之合世

◆應爻生剋吉凶

應爻例隔世爻兩位凡代占吉凶者當以應爻為用神尋
地以應爻為對山世為自己應為他人故應來生世者吉
應來剋世者凶

二　卜卦必讀

◆天干五行方位

甲乙東方木丙丁南方火戊己中央土庚辛西方金壬癸
北方水。

◆地支五行生肖

子水鼠。丑土牛。寅木虎。卯木兔。辰土龍。巳火蛇午火馬未
土羊申金猴酉金雞戌土狗亥水猪。

◆地支五行

寅卯屬木巳午屬火申酉屬金亥子屬水辰戌丑未屬土
寅午戌合火局亥卯未合木局巳酉丑合金局申子辰合
水局。辰戌丑未合土局謂之三合
寅刑巳。巳刑申申刑寅謂之三刑丑刑戌戌刑未未刑丑
謂之三刑子卯卯刑子辰辰相刑午午相刑酉酉相刑亥亥相刑
謂之三刑
子與丑合寅與亥合卯與戌合辰與酉合巳與申合午與
未合謂之六合
子午相冲丑未相冲寅申相冲卯酉相冲辰戌相冲巳亥

文王神課　三　卜卦祕訣　四

相冲謂之六冲。

子未相穿丑午相穿寅巳相穿卯辰相穿申亥相穿酉戌

相穿謂之六害。

◇生旺墓絶定例

金長生在巳旺在酉墓在丑絶在寅　木長生在亥旺在

卯墓在未絶在申　火長生在寅旺在午墓在戌絶在亥

水土長生在申旺在子墓在辰絶在巳

◇五行旺相休囚

正二月六爲旺火爲相土金水俱作休囚

金爲相木雖不旺尚有餘氣水火俱作休囚　三月土爲旺。

四五月火爲旺土爲相金水木俱作休囚　六月土爲旺。

金爲相火雖不旺尚有餘氣木水俱作休囚

七八月金爲旺水爲相木火土俱作休囚　九月土爲旺。

金爲相水木火俱作休囚　十月十一月水爲旺相

火土金俱作休囚　十二月土爲旺金爲相水雖不旺尚

有餘氣木火俱作休囚

◇五行相生（熟讀）

金生水水生木木生火火生土土生金。

◇五行相剋（熟讀）

金剋木木剋土土剋水水剋火火剋金。

◇六親生剋（熟讀）

生我者爲父母剋我者爲官兒我生者爲子孫我剋者爲

妻財扶我者爲兄弟

◇六神配爻定例（熟讀）

甲乙日　玄武白虎螣蛇勾陳朱雀青龍　丙丁日青龍玄

武白虎螣蛇勾陳朱雀　戊日朱雀青龍玄武白虎螣蛇

勾陳　己日勾陳朱雀青龍玄武白虎螣蛇　庚辛日螣

蛇勾陳朱雀青龍玄武白虎　壬癸日白虎螣蛇勾陳朱

雀青龍玄武（此爲六神按日配卦定例）

三　卜卦祕訣

◇學習裝卦祕訣

余初學卜卦僅知第一章所載點卦法苦於不明五行六

親裝卦之法遍叩卜卦家答語含混不肯明白見告旋悉

老友胡君精通易理亟往請益願爲弟子胡君曰切磋琢

磨原屬友朋之天職吾非江湖術士賴卜卦以謀生者願

以眞傳祕訣假爾抄錄言下卽出八宮裝卦全圖授余曰

汝遇起課六爻點凖後檢查此圖卽知當裝某宮某卦後

附卜易占驗。分論各卦斷法。雖則卷帙無多卜之要旨
具備。舉一反三不難融會貫通也。余展圖披閱莫名其妙。
問曰圖中所裝之五行及地支有無一定祕訣乎胡
君曰有之名曰納甲裝卦歌訣宜先讀熟再將安世應訣
看明然後披閱八宮裝卦裝卦歌訣亦可裝卦矣言下即出納甲裝卦歌詳加
讀熟各種歌訣固然一目了然不看圖祇須
指教是眞我之益友良師也茲將歌圖錄後

❖納甲裝卦歌訣（自下裝起初爻在下、六爻在
　　　　　　上卦卦如此）

乾金甲子外壬午（附註、乾金者卦名乾爲天爲乾宮第
一卦屬金也甲子者內卦初爻配甲子也外壬午者外卦
第四爻配壬午也所當知者內外卦三爻之天干都與初
爻四爻同所異者地支字）子寅辰午申戌。（附註此即
乾爲天卦六爻所配之地支字也演式如下。壬戌土壬申
金壬午火甲辰土甲寅木甲子水。按式中六爻所配五行。
根據地支五行（見前）而來故裝卦時可以單寫地支及
五行天干字可從略）
坎水戊寅外戊申（附註、坎水者卦名坎爲水爲坎宮第

文王神課　三　卜卦祕訣

一卦屬水也戊寅者內卦初爻之干支外戊申者外卦第
四爻之干支也）寅辰午申戌子。（附註此即坎卦外卦六爻
所配之地支也至於天干六爻俱屬戊艮土丙戌外丙戌
辰午申戌子寅）（裝法與前二卦同不再附註）以下五
宮裝法見八宮裝卦全圖）

❖分配六親祕訣

六親者即生我者我生者爲官鬼，
我剋者爲妻財比和者爲兄弟，剋我者爲
後皆須分配六爻所屬五行
屬五行與六爻所屬五行對照相生相剋而得六親茲舉乾宮第一卦爲
六爻五行相配分別生剋而得六親茲舉乾宮第一卦爲
例演式以說明之乾爲天屬金
、世、、、應。（附註此即

（說明）卦身屬金與初爻子水相配乃是金生水是
金生者故配子孫二爻寅木與卦身金相配乃是金剋木。
是我剋者故配妻財三爻辰土與卦身金相配乃是土
生金是生我者故配父母四爻午火與卦身金相配乃
是火剋金是剋我者故配官鬼五爻申金與卦身金相

五

九

文王神課　三　卜卦祕訣

配。金與金相碰是比和者（亦稱扶我）故配兄弟。六爻
戌土與卦身金相配乃是土生金是生我者故配父母。
餘卦仿此要知六十四卦所屬五行止分八宮即乾金、
坎水艮土震木巽木離火坤土兌金是也明瞭此訣裝
卦易如反掌矣。

❖八宮裝卦圖（初學點爻不會裝五行六親者。
祇須將六爻點準即可按圖裝配如欲自裝須
讀渾天甲子）

乾宮八卦全圖

乾為天　金	天山遯　金	風地觀　金	火地晉　金
父母戌土、世	父母戌土、	妻財卯木、	官鬼巳火、
兄弟申金、	兄弟申金、應	官鬼巳火、	父母未土八
官鬼午火、	官鬼午火、	父母未土八世	兄弟酉金、世
父母辰土、應	兄弟申金、	妻財卯木八	妻財卯木八
妻財寅木、	官鬼午火八世	官鬼巳火八	官鬼巳火八
子孫子水、	父母辰土八	父母未土八應	父母未土八應

天風姤　金	天地否　金	山地剝　金	火天大有　金
父母戌土、	父母戌土、應	妻財寅木、	官鬼巳火、應
兄弟申金、	兄弟申金、	子孫子水八世	父母未土八
官鬼午火、應	官鬼午火、	父母戌土八	兄弟酉金、
兄弟酉金、	妻財卯木八世	妻財卯木八	父母辰土、世
子孫亥水、	官鬼巳火八	官鬼巳火八	妻財寅木、
父母丑土八世	父母未土八	父母未土八應	子孫子水、

坎宮八卦全圖

坎為水　水	水澤節　水	水雷屯　水
兄弟子水八世	兄弟子水八	兄弟子水八
官鬼戌土、	官鬼戌土、	官鬼戌土、應
父母申金八	父母申金八應	父母申金八
妻財午火八應	官鬼丑土八	官鬼辰土八
官鬼辰土、	子孫卯木、	子孫寅木八世
子孫寅木八	妻財巳火、世	兄弟子水、

文王神課　三　卜卦祕訣

艮宮八卦全圖

澤火革	地火明夷	水火既濟	雷火豐	地水師	艮為山	山天大畜
官未土	父酉金	兄子水　應	官戌土	父酉金　應	官寅木　世	官寅木
父酉金	兄亥水	官戌土	父申金　世	兄亥水	妻子水	妻子水　應
兄亥水　世	官丑土　世	父申金	妻午火	官丑土	兄戌土	兄戌土
兄亥水	兄亥水	兄亥水　世	兄亥水	妻午火　世	子申金　應	兄辰土
官丑土	官丑土	官丑土	官丑土　應	官辰土	父午火	官寅木　世
子卯木　應	子卯木　應	子卯木	子卯木	子寅木	兄辰土	妻子水

三

震宮八卦全圖

火澤睽	風澤中孚	山火賁	山澤損	天澤履	風山漸	震為雷
父巳火	官卯木	官寅木	官寅木　應	兄戌土	官卯木　應	妻戌土　世
兄未土	父巳火	妻子水	妻子水	子申金　世	父巳火	官申金
子酉金　世	兄未土　世	兄戌土　應	兄戌土	父午火	兄未土	子午火
兄丑土	兄丑土	妻亥水	兄丑土　世	兄丑土	子申金　世	妻辰土　應
官卯木	官卯木	兄丑土	官卯木	官卯木　應	父午火	兄寅木
父巳火　應	父巳火　應	官卯木　世	父巳火	父巳火	兄辰土	父子水

七

文王神課　三　卜卦祕訣

巽宮八卦全圖

上圖（右起）

解　水雷（木）
妻財戌土　八
官鬼申金　八　應
子孫午火　、
子孫午火　八
妻財辰土　、　世
兄弟寅木　八

豫　地雷（木）
妻財戌土　八
官鬼申金　八
子孫午火　、　應
兄弟卯木　八
子孫巳火　八
妻財未土　八　世

恆　風雷（木）
妻財戌土　八　應
官鬼申金　八
子孫午火　、
官鬼酉金　、　世
父母亥水　、
妻財丑土　八

升　風地（木）
官鬼酉金　八
父母亥水　八
妻財丑土　八　世
官鬼酉金　、
父母亥水　、
妻財丑土　八　應

大過　風澤（木）
妻財未土　八
官鬼酉金　、
父母亥水　、　世
官鬼酉金　、
父母亥水　、
妻財丑土　八　應

井　風水（木）
父母子水　八
妻財戌土　、　世
官鬼申金　八
官鬼酉金　、
父母亥水　、　應
妻財丑土　八

隨　雷澤（木）
妻財未土　八　應
官鬼酉金　、
父母亥水　、
妻財辰土　八　世
兄弟寅木　八
父母子水　、

下圖（右起）

巽為風（木）
兄弟卯木　、　世
子孫巳火　、
妻財未土　八
官鬼酉金　、　應
父母亥水　、
妻財丑土　八

家人　火風（木）
兄弟卯木　、
子孫巳火　、　應
妻財未土　八
父母亥水　、
妻財丑土　八　世
兄弟卯木　、

無妄　雷天（木）
妻財戌土　、
官鬼申金　、
子孫午火　、　世
妻財辰土　八
兄弟寅木　八
父母子水　、　應

頤　雷山（木）
兄弟寅木　、
父母子水　八
妻財戌土　八　世
妻財辰土　八
兄弟寅木　✕
父母子水　、　應

小畜　天風（木）
兄弟卯木　、
子孫巳火　、
妻財未土　八　應
妻財辰土　、
兄弟寅木　、
父母子水　、　世

益　雷風（木）
兄弟卯木　、　應
子孫巳火　、
妻財未土　八
妻財辰土　八　世
兄弟寅木　八
父母子水　、

噬嗑　雷火（木）
子孫巳火　、
妻財未土　八　世
官鬼酉金　、
妻財辰土　八
兄弟寅木　八　應
父母子水　、

離宮八卦全圖

山風蠱	離為火	火風鼎	山水蒙	火山旅	火水未濟	風水渙
兄弟寅木、應	兄弟巳火、世	兄弟巳火、	父母寅木、	兄弟巳火、	兄弟巳火、應	父母卯木、
父母子水八	子孫未土八	子孫未土八應	官鬼子水八	子孫未土八	子孫未土八	兄弟巳火、世
妻財戌土八	妻財酉金、	妻財酉金、	子孫戌土八世	妻財酉金、	妻財酉金、	子孫未土八
官鬼酉金、世	官鬼亥水、應	妻財酉金、	兄弟午火八	妻財申金、應	兄弟午火八世	兄弟午火八
父母亥水、	子孫丑土八	官鬼亥水、世	子孫辰土、	兄弟午火八	子孫辰土、	子孫辰土、應
妻財丑土八	父母卯木、	子孫丑土八	父母寅木八應	子孫辰土八世	父母寅木八	父母寅木八

文王神課　三　卜卦祕訣

坤宮八卦全圖

天水訟	天火同人	坤為地	地澤臨	雷天大壯	水天需	地雷復
子孫戌土、	子孫戌土、應	子孫酉金八世	子孫酉金八	兄弟戌土八	妻財子水八	子孫酉金八
妻財申金、	妻財申金、	妻財亥水八	妻財亥水八應	子孫申金八	兄弟戌土、	妻財亥水八
兄弟午火、世	兄弟午火、	兄弟丑土八	兄弟丑土八	父母午火、世	子孫申金八世	兄弟丑土八應
兄弟午火八	官鬼亥水、世	官鬼卯木八應	兄弟丑土八	兄弟辰土、	兄弟辰土、	兄弟辰土八
子孫辰土、	子孫丑土八	父母巳火八	官鬼卯木、世	官鬼寅木、	官鬼寅木、	官鬼寅木八
父母寅木八應	父母卯木、	兄弟未土八	父母巳火、	妻財子水、應	妻財子水、應	妻財子水、世

九

文王神課　三　卜卦祕訣

地天泰
　子孫酉金 八 應
　妻財亥水 、
　兄弟丑土 、
　兄弟辰土 八 世
　官鬼寅木 、
　妻財子水 、

澤天夬
　兄弟未土 八
　子孫酉金 、 世
　妻財亥水 、
　兄弟辰土 、
　官鬼寅木 、 應
　妻財子水 、

水地比
　妻財子水 八 應
　兄弟戌土 、
　子孫申金 八
　官鬼卯木 八 世
　父母巳火 八
　兄弟未土 八

兌宮八卦全圖

兌為澤
　父母未土 、 世
　兄弟酉金 、
　子孫亥水 、
　父母丑土 八 應
　妻財卯木 、
　官鬼巳火 、

澤地萃
　父母未土 八
　兄弟酉金 、 應
　子孫亥水 、
　妻財卯木 八
　官鬼巳火 八 世
　父母未土 八

水山蹇
　子孫子水 八
　父母戌土 、
　兄弟申金 八 世
　兄弟申金 、
　官鬼午火 八
　父母辰土 八 應

雷山小過
　父母戌土 八
　兄弟申金 八
　官鬼午火 、 世
　兄弟申金 、
　官鬼午火 八
　父母辰土 八 應

澤水困
　父母未土 八
　兄弟酉金 、
　子孫亥水 、 應
　官鬼午火 八
　父母辰土 、
　妻財寅木 八

澤山咸
　父母未土 八 應
　兄弟酉金 、
　子孫亥水 、
　兄弟申金 、 世
　官鬼午火 八
　父母辰土 八

地山謙
　兄弟酉金 八
　子孫亥水 八 世
　父母丑土 八
　兄弟申金 、
　官鬼午火 八 應
　父母辰土 八

雷澤歸妹
　父母戌土 八 應
　兄弟申金 八
　官鬼午火 、
　父母丑土 八 世
　妻財卯木 、
　官鬼巳火 、

一〇

❖ 安排世應歌訣（讀熟）

八卦之首世六當（附註八宮第一卦）。以下初爻輪上當（附註八宮第二卦二爻安世。第三卦三爻安世逐步上安。故曰輪上當）。游魂八宮四爻立（游魂之卦共有八宮俱是如此安排）。歸魂八卦三爻詳（附註遇歸魂卦三爻安世位隔世爻兩位便是應爻）。

六爻自下裝上推算。

❖ 游魂歸魂卦名（讀熟）

游魂卦
火地晉　地火明夷　風澤中孚　澤風大過　天水訟。

水天需山雷頤雷山小過。（世位俱在第四爻）

歸魂卦　火天大有天火同人風山漸山風蠱地水師水

地比雷澤歸妹澤雷隨（世位俱在第三爻）

◆六沖六合卦名

六沖卦十　乾為天艮為山震為雷巽為風離為地兌為澤天雷无妄雷天大壯八宮皆為六沖

六合卦八　天地否水澤節山火賁雷地豫火山旅地雷復地天泰澤水困

文王神課　三　卜卦秘訣

◆用神分類定例

◆渾天甲子歌訣（熟讀此歌八宮內外卦之地支五行一目了然不必查圖即可裝卦矣）

乾在內卦（附註言地支五行在乾宮內卦也）子水寅木辰土乾在外卦午火申金戌土

坎在內卦寅木辰土午火坎在外卦申金戌土子水

艮在內卦辰土午火申金艮在外卦戌土子水寅木

震在內卦子水寅木辰土震在外卦午火申金戌土

巽在內卦丑土亥水酉金巽在外卦未土巳火卯木

離在內卦卯木丑土亥水離在外卦酉金未土巳火

坤在內卦未土巳火卯木坤在外卦丑土亥水酉金

兌在內卦巳火卯木丑土兌在外卦亥水酉金未土

（一）占祖父母、父母、師長、家主、伯叔、姑嫂、與我父母同輩之親友、及城牆、宅舍、舟車、衣服、求雨、經營、章奏、文章、館舍，俱以父母爻為用神。（二）占功名、官府、雷電、鬼神、丈夫之同輩及親友、亂臣、盜賊、邪祟、憂疑、病症、尸首、逆風、順風等，俱以官鬼爻為用神。（三）占兄弟、姊妹、夫妻之兄弟、世兄弟、盟兄弟、及知交朋友，俱以兄弟爻為用神。（四）占嫂與弟婦、妻妾、婢僕、及親友妻妾、物價、錢財、珠寶、金銀、倉庫、錢糧、什物、器皿，俱以妻財爻為用神。（五）占兒女、孫姪、女塾、門生、忠臣、良將、藥材、六畜、僧道、禽獸、順風、陰晴、解憂、避禍，俱以子孫爻為用神。（六）僕占主人以父母爻為用神，主占僕例以妻財爻為用神。占夫主之妻之姊妹以財爻為用神，又當知兄弟爻為風雲，官鬼爻為逆風，子孫爻為福神，金在取用神而化之，既得惡煞庶人以子孫爻為福神，金在取用神而剋害否。

用神須看有元神動而生扶否有忌神動而剋害否

◆元神忌神仇神舉例

元神者為生用神之爻若得旺相（附註憑占卦月分而定如在正二月取木為旺火為相查旺相休囚訣便知）或臨日月及旺動化回頭生者（註見後）諸占皆吉

忌

神者爲剋制用神之爻以衰靜爲宜若見旺動諸占大凶

仇神者剋制元神不能生用神反生忌神而剋害用神者。

例如金爲用神土能生金六爻中何爻配土即是忌神剋土生炎者木也木爻即

爲仇神。餘可類推。

四　斷易南針

◆重要星宿定例（熟讀）

（天喜）春戌夏丑秋辰冬未。（月德）寅午戌月在丙亥

卯未月在甲巳酉丑月在庚申子辰月在壬。（貴人）甲

戊庚牛羊乙巳鼠猴鄉丙丁豬雞位壬癸兔蛇藏六辛逢

馬虎此是貴人方。（驛馬）申子辰馬在寅巳酉丑馬在

亥寅午戌馬在申亥卯未馬在巳。

◆長生掌訣（熟讀）

金長生

中土長生　木長生

申酉戌亥

巳午未　巳辰卯寅

火長生

◆長生沐浴冠帶臨官帝旺衰病死墓絕胎養。

◆月破舉例（熟讀）（凡月建所冲之爻爲月破。

起卦必須寫明年月日時之干支檢查新印萬

年曆即知）

立春正月節建寅破申驚蟄二月節建卯破酉清明三月

節建辰破戌立夏四月節建巳破亥芒種五月節建午破

子小暑六月節建未破丑立秋七月節建申破寅白露八

月節建酉破卯寒露九月節建戌破辰立冬十月節建亥

破巳大雪十一月節建子破午小寒十二月節建丑破未

卜易僅能點爻裝卦分世應不過嫻熟外觀之方

式耳欲知所裝之卦爲吉爲凶須於六爻之動變五行之

生剋冲合刑害（諸訣必須熟讀）六親之喜忌等求之義

理精深卦象玄妙苟非研窮易理奚能盡悉其底蘊茲就

野鶴老人之卜易心得選錄其論理明晰貼切實用者論

列於後以便學易者之研究。

◆六甲旬空起例

甲子旬中戌亥空（附註甲子日起至癸酉日止十日爲

一旬。旬內無戌亥。故曰戌亥空以下五個旬空仿此。）甲
寅旬中子丑空甲辰旬中寅卯空甲午旬中辰巳空甲申
旬中午未空甲戌旬中申酉空

❖進神退神起例（熟讀）

進神例　寅化卯卯化辰辰化巳巳化午申化酉亥化子辰化未未化戌。
戌化丑丑化辰

退神例　卯化寅巳化辰午化巳酉化申子化亥辰化丑丑化戌。
戌化未未化辰

❖日月建傳符訣（熟讀）

日建加青龍財祿喜重重朱雀官施用勾陳事未通螣蛇
多怪異白虎破財凶玄武陰私擾應在日時中月建如逢
此斷法亦相同

❖六親變化歌訣（熟讀）

父母化父母進神文書許化子不傷丁化鬼官選舉化財
宅長憂兄弟爲泄氣（此以父母爲主遇動爻而化）子孫
化退神人財不稱情化父田蠶敗化財加倍榮化鬼憂生
產兄弟謂相生（以子孫爲主遇動爻而化）官化進神
祿求官應疾速化財占病凶化父文書逐化子必傷官化
兄弟不睦（以官鬼爲主遇動爻而化妻財化進神）錢財

入宅來化官憂戚戚化子笑哈哈化父宜家長成兄化破
財（以妻財爲主遇動爻而化）兄弟化退神凡占無所
忌化父妾奴驚化財財不遂化官有災化子卻如意（
以兄弟爲主遇動爻而化）（附註此訣當與進神退神
同看父母化父母者本爻變動辰土父母化爲未土父母
是也餘可類推）

❖六親發動歌訣（熟讀）

父動當頭剋子孫病人無藥主昏沉姻親子息應難得買
賣勞心利不生占問行人書信動官司下狀理先分士人
科舉登金榜失物逃亡要訴論（附註此訣專論父母爻
當頭變動之吉凶）即可據此以論斷
子孫發動傷官鬼占病求醫身便痊行人買賣身康泰婚
姻美滿是前緣產婦當生子易養詞訟私和不到官謁貴
求名休進用勸君守分聽平天（子孫動於父中雖主諸
事吉昌求官不利然須兼看他爻有無冲剋也）
官鬼從來剋兄弟婚姻未就生疑滯病困家中禍祟來耕
種蠶桑皆不利出外逃亡定見災詞訟官司遭凶祟買賣
財輕賭博輸失物難尋多暗昧（官鬼動剋兄弟諸事皆
凶爻中不不有生合旺相發見矣）

財爻發動剋文書應舉求名總是虛將本經營爲大吉姻
動。

親如意樂無虞行人在外身將動產婦臨盆快易生失物

猶存家未出病人傷胃又傷肝（妻財爻動只利經商與
生產功名無望也）

兄弟交重（重爲○交爲×即占爻變動之象）剋妻財。
病人難愈未離災應舉奪標爲忌客宜非陰賊耗錢財若
帶吉神還有助行人道阻未歸來經營貨物防虧折買婢
求妻事不諧（兄弟爻發動諸事凶多吉少）

❖用神發動歌訣（參看用神分類定例）
用神發動在爻中縱值休囚亦不凶更得生扶兼旺相管
敎作事永亨通

❖用神空亡歌訣（熟讀）
神元神不可空春土夏金秋樹木三冬逢火是眞空旬空
又值眞空象再遇爻傷到底空

❖世應生剋歌訣（熟讀）
世應相生則吉世應相剋則凶（世爻
應爻之干支五行相同謂之比和）作事謀爲可用應動
他人反變應空他意難同世空世動我心懶只恐自家懶

❖忌神元神動靜歌（熟讀）
看卦先須看忌神（參看忌神元神伏神舉例即知各卦
忌神元神所在）忌神宜靜不宜興（興動也）忌神反
要逢傷剋若遇生扶用（用神也）受刑
元（作原）神發動志揚用伏藏令（參看第五章飛伏
神卦例斷）也不妨須要生扶兼旺相最嫌化剋與逢傷

❖六爻動靜歌訣（熟讀）
（六爻亂動訣）六爻亂動事難明須向當中看用神用
遇休囚遭剋害須知此事費精神
（六爻安靜訣）卦遇六爻安靜當看用與日辰日辰剋
用及相刑作事還當謹愼更將世應推究忌神切莫加臨
世應臨用及原神作事斷然昌盛
❖諸爻持世歌訣（熟讀）
世爻旺相（正二月占卦世臨木爲旺遇火爲相餘查
第二章五行旺相休囚即知）最爲宜作事亨通大吉昌
謀望諸般皆遂意用神生合妙難量旬空月破逢非吉剋
害刑沖遇不良（父母與世字同在一爻者謂之父母持世子

一四

孫與世字同在一爻者謂之子孫持世其餘官鬼妻財兄
弟等持世皆同此例）主身勞求嗣妾衆也難招官動財
安宜赴試財搖謀利莫心焦占身財動無賢婦又恐區區
壽不高
子孫持世事無憂求名切忌坐當頭避亂許安失可得官
訟無妨可了休有生無剋諸般吉有剋無生反見愁
官鬼持世事難安占身（終身也）不病也遭官財物時時
憂失脫功名最喜世當權入墓愁疑無散日逢冲轉禍變
成歡
妻財持世益榮兄若交重不可逢更遇子孫明暗動（
註見後）利身剋父喪文風求官問訟宜財托動變兄官
（兄弟官鬼二爻有動變也）萬事凶
兄弟持世莫求財官興須慮福將臨朱雀并臨防口舌如

❖六神發動歌訣（六神一作六獸此歌當與第
二章六神配爻舉例同時讀熟）

搖必定損妻財父母喪文風求官化官化鬼有奇災
青龍發動附用（用神也）通進財進祿福無窮臨仇遇忌
都無益酒色成災在此中
朱雀交重（動變也）文印旺煞神相併漫勞功是非口舌

皆因此動出生身却利公
勾陳發動憂田土累歲迍邅為忌逢生用有情方是吉若
然安靜不迷蒙
騰蛇鬼剋憂思繞怪夢陰魔裏攻持木落空休道吉逢
白虎交重喪惡事官司疾病必成凶持世動剋妨人口遇
火生身便不同（火爻配白虎也）
玄武動搖多暗昧若臨官鬼交攻有情生世邪無犯仇
忌臨之姦盜凶

❖日辰生剋歌訣（熟讀）
問卦先須看日辰日辰剋用神不堪親（占卦日建剋用神
也）日辰與用相生合作事何愁不趁心

❖靜爻暗動釋義
靜爻旺相日辰冲之為暗動靜爻休囚日辰冲之為
日破暗動有凶有吉凡用神休囚得元神暗動以相生之為
神明動得元神暗動而生用神者皆為喜兆若用神休囚
無助而遇忌神暗動剋害用神皆非吉兆

❖卦爻動變釋義
以錢起卦六爻不動但見單拆不見重交謂之靜爻所得

文王神課　四　斷易南針

正卦只在八宮六十四卦中容易裝配若遇六爻動卦謂之動爻見三背畫○謂之陽動當作陰見三字畫×謂之陰動當作陽所得之卦有反吟伏吟等區別卦名較多於正卦而且卜易諸書中只有八宮正卦圖而動爻變出卦皆付缺如後學起得動爻東手無從裝配矣用是先將動變之義說明後列動爻配爻圖以資後學檢查動卦有卦變爻變之別卦變者內外六爻俱動而反伏者如乾卦變坤卦等是點卦當作六個○爻變者內外卦反外卦反伏而內卦不動者如觀之坤是點卦當作〇〇八伏各動兩爻而如升之觀是點卦當作××八〇〇八又有八八八又有內卦反伏而外卦不動者如巽之觀是點卦當作、、、八〇〇八此不過舉例耳變動之卦名甚多欲知變出是何卦必須深明反吟伏吟及六十四正卦裝配之義方能盡悉變動卦之名稱

※反吟卦之定例

反吟卦有二一爲卦之反吟二爲爻之反吟係爻變相冲卦變相冲例如乾卦坐于西北乾右有戌乾左有亥巽右有辰巽左有巳兩卦相對有辰戌巳亥相冲故乾爲天卦變巽爲風卦巽變

乾天風姤卦變風天小畜小畜風卦此乾巽二冲相冲反吟卦也坎卦坐於正北坎下離卦坐於正南離下坐午兩卦相冲有子午離下坎火坎子離上水火既濟變未濟水火未濟變既濟此坎離二卦之一也乃艮卦坐于東北艮右有丑左有寅坤卦坐於西南坤右有未坤左有申二卦相對有丑未寅申相冲故坤爲地卦變艮此艮坤二宮反吟之一也震卦坐於正東震卦變兌兌卦變震爲雷此震兌二卦相冲反吟之一也以上乃兌卦變震震變乾无妄變大壯大壯變无妄姤卦變恆恆變姤遁變小過小過變遁否變豫豫變否豐變同人同人變豐履變歸妹歸妹變履解變訟訟變解此之一也

※伏吟卦之定例

伏吟卦有三乾卦變震震震變乾无妄變大壯大壯變无妄此子寅辰復化子寅辰午申戌復化午申戌內外卦伏吟之一也

大有卦變噬嗑噬嗑變大有屯變需需變變屯大有
變大畜隨變夬夬變隨小畜變益益變小畜泰變復復變
泰此子寅辰復變子寅辰內卦之伏吟三也

❖內外卦動變圖（圖中尚有遺漏。參看第五第
六奉動卦演式）（吉凶憑正卦論斷變卦祗看
動爻）

卦變類

文王神課 四 斷易南針

右列諸卦

風天小畜變

○　、八應○　、、、八、

卯木兄弟　巳火子孫　未土妻財　辰土妻財　寅木子孫　子水父母

水澤節卦

八　○世、、八○應、、八

父母　子孫妻財丑土兄弟　辰土官鬼寅木子水

雷天大壯變

戊土申金父母　午火丑土兄弟　辰土寅木子孫兄弟妻財

地天泰卦

八　八應、、、八世、、

兄弟子孫妻財　辰土官鬼寅木子水

澤雷隨卦變

未土西金亥水辰土兄弟寅木子水

澤水困卦

妻財官鬼父母妻財辰土兄弟寅木

雷風恆變

八應×　、、八世、、八

戊土申金官鬼午火酉金亥水丑土

澤風大過卦

妻財官鬼子孫官鬼父母妻財

天水訟變

○　、、八世、　八

戊土申金午火午火辰土寅木
子孫妻財兄弟兄弟子孫父母

澤水困卦變

酉金亥水丑土卯木
父母酉金亥水兄弟官鬼亥水兄弟子孫

地火明夷變

、八世八　×、、八應、

父母酉金亥水丑土卯木子孫

澤火革卦

八應　八世八　×、

戊土申金午火丑土卯木巳火
兄弟官鬼子孫兄弟官鬼父母

雷澤歸妹變

寅木子水妻財辰土寅木父母

兌爲澤卦

父母酉金兄弟官鬼父母兄弟

山雷頤變

寅木子水妻財辰土寅木子水

山澤損卦

、八×世八　八、應○

兄弟父母酉金官鬼寅木
兄弟父母酉金官鬼父母

離爲火卦

　應○　八世○　八

兄弟子孫午火丑土卯木
兄弟子孫午火丑土卯木父母

天地否卦

、應、、×世、

戊土兄弟申金官鬼午火卯木
父母子孫父母妻財官鬼父母

山地剝卦

父母子孫父母妻財官鬼
父母子孫父母妻財官鬼子孫

上半（右起）

山天大畜變
八　寅木　妻財
、　子水　兄弟　應
×　戌土　父母
八　辰土　兄弟
○　寅木　官鬼　世
、　子水　妻財

乾爲天卦
、　戌土　父母　世
、　申金　兄弟
、　午火　官鬼
、　辰土　父母　應
、　寅木　妻財
、　子水　子孫

水地比變
八　子水　妻財　應
×　戌土　兄弟
八　申金　子孫
、　卯木　官鬼　世
×　巳火　父母
八　未土　兄弟

澤水困卦
八　未土　父母
、　酉金　兄弟
○　亥水　子孫　應
×　午火　官鬼
、　辰土　父母
八　寅木　妻財　世

地火明夷變
八　酉金　父母
八　亥水　兄弟
八　丑土　官鬼　世
○　亥水　兄弟
八　丑土　官鬼
、　卯木　子孫　應

水天需卦
八　子水　妻財
、　戌土　兄弟
八　申金　子孫　世
、　辰土　兄弟
、　寅木　官鬼
、　子水　妻財　應

水火既濟卦
八　子水　兄弟　應
、　戌土　官鬼
八　申金　父母
、　亥水　兄弟　世
八　丑土　官鬼
、　卯木　子孫

水火未濟變
八　巳火　兄弟　應
、　未土　子孫
八　酉金　妻財
八　午火　兄弟　世
○　辰土　子孫
八　寅木　父母

水天需變
八　子水　妻財
、　戌土　兄弟
八　申金　子孫　世
○　辰土　兄弟
、　寅木　官鬼
、　子水　妻財　應

澤水困卦
八　未土　父母
、　酉金　兄弟
○　亥水　子孫　應
×　午火　官鬼
、　辰土　父母
八　寅木　妻財　世

澤地萃變
八　未土　父母
、　酉金　兄弟
○　亥水　子孫　應
八　卯木　官鬼
×　巳火　父母
八　未土　兄弟　世

澤地萃卦
八　未土　父母
、　酉金　兄弟
、　亥水　子孫　應
八　卯木　官鬼
八　巳火　父母
八　未土　兄弟　世

山天大畜變
八　寅木　子水　戌土　辰土　寅木　子水
　　妻財　兄弟　父母　兄弟　官鬼　妻財
　　世　　　　　應

下半（右起）

山水蒙卦
、　官鬼　寅木
八　妻財
八　兄弟　午火
八　子孫　○
、　父母
八　妻財

天火同人變
○　戌土　子孫　應
、　申金　妻財
八　午火　官鬼
八　亥水　子孫　世
八　丑土　父母
、　卯木　兄弟

離爲火卦
、　巳火　兄弟　世
八　未土　子孫
、　酉金　妻財
、　亥水　官鬼　應
八　丑土　子孫
、　卯木　父母

水地比變
八　子水　妻財　應
×　戌土　兄弟
八　申金　子孫
、　卯木　官鬼　世
×　巳火　父母
八　未土　兄弟

水山蹇卦
八　子水　子孫
、　戌土　父母
八　申金　兄弟　世
、　申金　兄弟
八　午火　官鬼
八　辰土　父母　應

風地觀變
、　卯木　妻財
○　巳火　官鬼
八　未土　父母　世
八　卯木　妻財
八　巳火　官鬼
八　未土　父母　應

巽爲風變
、　卯木　兄弟　世
○　巳火　子孫
八　未土　妻財
、　酉金　官鬼　應
、　亥水　父母
八　丑土　妻財

風火家人鬼
、　卯木　兄弟
○　巳火　子孫　應
八　未土　妻財
、　亥水　父母
八　丑土　妻財　世
、　卯木　兄弟

火天大有變
、　巳火　官鬼　應
八　未土　父母
○　酉金　兄弟
、　辰土　父母　世
、　寅木　妻財
、　子水　子孫

雷天大壯變
八　戌土　兄弟
八　申金　子孫
○　午火　父母　世
、　辰土　兄弟
、　寅木　官鬼
、　子水　妻財　應

雷天大壯卦
八　戌土　兄弟
八　申金　子孫
、　午火　父母　世
、　辰土　兄弟
、　寅木　官鬼
、　子水　妻財　應

澤天夬卦
八　未土　兄弟
、　酉金　子孫
○　亥水　妻財　世
、　辰土　兄弟
、　寅木　官鬼
、　子水　妻財　應

文王神課 四 斷易南針

乾為天變
、世、
○
、應、
、
、

風天小畜卦
父母戌土
兄弟申金 ○
官鬼午火
兄弟辰土 、應、
妻財寅木
子孫子水 、世、

天澤履變
、
、應、
、世、
八 ×
、
○

山水蒙卦
父母寅木
官鬼子水
子孫戌土 、世、
兄弟午火
子孫辰土 ×
父母寅木 、應、

澤天夬變
妻財未土 、、、
官鬼酉金 、、、
父母亥水 、應、
兄弟辰土
妻財寅木 、世、
子孫子水

巽為風卦
兄弟卯木 、世、
子孫巳火
妻財未土 八
官鬼酉金 、應、
父母亥水
妻財丑土 八

天雷无妄變
妻財戌土 、、、
官鬼申金
子孫午火 、世、
妻財辰土 ×
兄弟寅木 八
父母子水 、應、

天火同人卦
子孫戌土 、應、
妻財申金
兄弟午火
官鬼亥水 、世、
子孫丑土 八
父母卯木

水澤節變
兄弟子水 八 ×
官鬼戌土
父母申金 、世、
官鬼丑土 八
子孫卯木
妻財巳火 、應、

澤天夬卦
妻財未土 八
官鬼酉金 、世、
父母亥水
兄弟辰土 ○
妻財寅木 、應、
子孫子水

火地晉卦
官鬼巳火 、、、
父母未土 八
兄弟酉金 、世、
妻財卯木 ×
官鬼巳火 八
父母未土 、應、

風山漸變
官鬼卯木 、、、
父母巳火 八
兄弟未土 、世、
子孫申金
父母午火 八
兄弟辰土 、應、

山天大畜卦
官鬼寅木
妻財子水 、應、
兄弟戌土 八
兄弟辰土
官鬼寅木 、世、
妻財子水

兌為澤變
父母未土 八
兄弟酉金 、世、
子孫亥水
父母丑土 八
妻財卯木 、應、
官鬼巳火

澤風大過卦
妻財未土 八
官鬼酉金
父母亥水 、世、
官鬼酉金
父母亥水
妻財丑土 八 、應、

天澤履變
、
、世、
、
八 ×
、應、
、

乾為天卦
父母戌土 、世、
兄弟申金
官鬼午火
父母辰土 、應、
妻財寅木
子孫子水

雷澤歸妹卦
父母戌土 八 、應、
兄弟申金 八
官鬼午火
父母丑土 八 、世、
妻財卯木
官鬼巳火

雷水解變
妻財戌土 八
官鬼申金 八 、應、
子孫午火
子孫午火 八
妻財辰土 ○ 、世、
兄弟寅木 八

山地剝變
妻財寅木 、、、
子孫子水 八
父母戌土 八 、世、
妻財卯木 八
官鬼巳火 八
父母未土 八 、應、

地山謙卦
兄弟酉金 八
子孫亥水 八 、世、
父母丑土 八
兄弟申金 、應、
官鬼午火 八
父母辰土 八

雷火豐變
官鬼戌土 八
父母申金 八 、世、
妻財午火
兄弟亥水
官鬼丑土 八 、應、
子孫卯木

澤雷隨卦
妻財未土 八 、應、
官鬼酉金
父母亥水
妻財辰土 八 、世、
兄弟寅木 八
父母子水

風澤中孚變
官鬼卯木 、、、
父母巳火
兄弟未土 八 、世、
兄弟丑土 八
官鬼卯木
父母巳火 、應、

文王神課　四　斷易南針

文變類

火澤睽卦
官鬼未土酉　兄弟子孫兄弟官鬼父母
八　八、應×　八　八世

戌土申金午火兄弟卯木巳火未土
妻財官鬼子孫申金子孫妻財
八應〇　八　×世八　×

雷山小過卦
子水兄戌土申金官鬼卯木巳火兄弟
妻財妻財子孫妻亥妻財水父母官鬼

雷地豫變

水地比變

地火明夷卦

以上俱為卦變之卦名。可以按圖檢查至於論斷仍照正卦五行為準推須注重卦中之動爻遇生合旺相動化回頭生者吉冲剋剋空破墓絕者凶

（說明）卦變卦六十四卦互相變化為數甚夥。限于篇幅不及全數錄出欲覘全豹購卜筮正宗等書檢查可也後列之爻變卦亦僅一部分以外參看卜筮正宗。

爻變類

遁之姤卦
父戌、
兄申、應
官午、
兄申、
官午×亥世化
父辰八

需之乾卦
財子×戌化
兄戌、世
子申午化
兄辰、
官亥、
財子、應

升之師卦
官酉、
父亥、
才丑、世
官酉午化
父亥八
才子、應

萃之遯卦
父未×戌化
兄酉、應
才亥、世
子亥、
才卯申化
官巳八世
官寅、應
才子、

夬之履卦
父未八
兄酉、應
子亥、
官酉〇丑化
父亥、
才丑×巳化

井之節卦
父子八
才戌、世
官申八
官酉〇丑化
父亥、應
兄辰×卯化

艮之明夷卦
父未八
才子子八
兄戌八、應
于申、
父午八
兄辰×卯化

家人之小畜卦
官寅〇世化
酉
才子子八
兄戌八、應
父亥、
才丑×寅世化

萃之同人卦
父未×戌化
兄酉、應
子亥、
才卯×亥化
官巳八世
父未×卯化

離之坤卦
兄巳、世
子未八
才酉〇丑化
官亥、應
子丑八
父卯〇未化

益之無妄卦
、應
兄卯、
子巳、
才未午化
才辰八世
兄寅、
父子、

師之渙卦
×應化
酉申亥×化
兄申八
子午八世
官丑、空
才午八

豫之歸妹卦
八八
父申官午化
酉申亥×化
官丑八
才午官辰、空八
子寅八
變世化

家人之益卦
兄卯、
子巳、
才未八
父亥辰化
八世、
才丑、
兄卯

五 占卦凡例

文王神課 五 占卦凡例

(說明)爻變之卦甚多不及一一備載購閱卜筮正宗。
不僅可窺爻變之全豹并可明瞭各卦之吉凶欲知爻
變各卦之五行當查八宮六十四卦全圖例如豫之歸
妹卦查豫五行配準再將動爻變出之五行塡明查歸
妹卦然後如法論斷斷卦參考書以黃金策爲第一劉
誠意所撰其中有總斷千金賦一篇論斷卦義旣詳且
精足爲後學楷模本書限於篇幅不遑引證也

問卦誠心則靈如心懷兩三事同時占問。決無靈驗假令
占功名而得子孫持世以爲不吉而再占必得官鬼持
世而後已亦無此理即強而占之亦不驗矣至於斷卦必
先熟讀渾天甲子五行六親以及其他緊要歌訣(一
歌訣見前) 然後細看六爻動靜及用神元神忌神先寫
年月日時干支次將六神寫出然後照卦象按事實準易
理論斷庶乎近之至於準不準當憑易學之深淺而定茲
將占卦各種秘訣列後以資後學楷模

○
※卜卦論斷總訣
卜卦之道乃伏羲文王周公孔子、四聖之心法得其神髓
者可以參天量地粗知義理者亦可趨吉避凶凡學卜卦
之入門秘訣前四章已概論及之本章進一步詳論占斷
秘訣其法先須看明父之動變卦之冲剋當知占何事以
何爻爲用神再看元神忌神仇神四時旺相休囚日月生
剋及旬空月破管敎憑有準矣
如占功名得旺官持世或日月動爻作官星生合世爻求
名猶如拾芥倘遇子孫持世或子孫動於卦中無論占考
試卜遷陞皆如水中撈月如占財氣若得妻財持世或考
日月動爻作子孫生合世爻或官鬼持世財動生之或父

母持世財動剋世求財均易若遇兄弟持世爻發動或

世臨旬空月破者變無財

文王神課　五　占卦凡例

官宜官星持世財動生之（變動之財爻與世爻相生也
）皆主吉祥若遇官鬼相剋日月動爻作子孫冲剋世爻
或作官鬼冲剋世爻或世爻空破或官爻空破或世爻
回頭剋及子孫持世皆爲凶兆士民占月令最喜財爻及
子孫持世管許一歲通亨若無財動爻持世得日月動爻
作財星生合世爻者更主吉昌若無財動爻持世而官
鬼持世者必見災殃倘世破世空及鬼動剋世者多見凶

災兄爻動而剋世者口舌破財

總而言之官鬼動剋世者民占流年

舍世之月則吉冲世之月則凶皆不宜世爻變鬼攻動化
回頭剋（注見前）又不宜財動化父父化財變鬼化父母
見則必有長上之災兄弟變官鬼或鬼變官鬼宜防手足
之危財化鬼鬼化財財化兄主傷剋妻妾婢僕子
化鬼鬼化子父化子子化父主小口有傷青龍天喜（註
見前）持世生世主有喜虎鬼發動主孝服（龍虎按逐
日天干排定六神次序以配六爻每日更換參看六神配
爻舉例）螣蛇朱雀臨兄鬼動而剋世者須防口舌玄武
臨兄鬼動而剋世者防賊盜及陰人纏擾

如占避訟累防仇害及航海旅行深入險地投宿寺廟營
房經營貿易誤買盜賊或防火災瘟疫虎狼寇盜或慮蹤
險偷關或恐招災惹禍或誤吞毒物或已定重罪或占病
問醫凡遇防災慮患但得子孫持世及官鬼動於卦中或
世動變出子孫或世動化回頭相生或官鬼持世剋世必
使身落虎口管許安如泰山惟忌官鬼持世災禍即
侵世動化鬼及化回頭剋者禍已驗身避之不及世爻空
者無慮破者不利

占病憑患者之身分而斷如自己占病若得世爻旺相或
日月動爻生合世爻或子孫動於爻中不拘
久病近病立保安康近病而世值旬空或世動化空或卦
逢六冲及卦變六冲（八宮第一卦皆爲六冲）不須服
藥即可安康久病者遇官鬼持世或日月動爻剋世或世
值旬空月破世動化空化破或卦逢六冲或世動化鬼及
化回頭剋者速宜醫治避則無救

占父母病以父母爲用神若得父爻旺相或日月動爻生
父母或父動化旺不拘久病近病求神服藥立見安寧—
近病者父爻值旬空父動化空或卦逢六冲可不藥而愈。
久病者父爻值旬空月破或父動化空化破化財財化父

母或卦逢六冲及卦變六冲或父爻休囚又被日月動爻
冲剋病必凶險速求良醫療治

占兄弟病若得兄爻旺相或臨日月或日月動爻相生或
兄動化旺化生不拘病之遠近立許平安—近病遇兄爻
值旬空及動而化空或卦逢六冲卦變六冲服藥即愈久
病者兄爻值旬空月破及動而化空化破卦逢六冲卦變
六冲兄動化鬼鬼動化兄或兄爻休囚被日月剋
急急服藥遲則難以治療

如占子孫病遇子孫爻旺相或臨日月及日月動爻生合
或子孫爻化回頭生化旺不拘病之遠近服藥即愈—近
病者子孫爻值旬空及動而化空卦逢六冲卦變六冲者
可不藥而愈出痘者不宜六冲久病者子孫爻值旬空月
破及動而化空化破卦逢六冲卦變六冲子孫爻動而化
鬼鬼化子孫父化子子化父及日月動爻冲剋速宜醫治
遲則難治

如占妻妾病者以財爻為用神財爻旺相或臨日月或日
月動爻相生或財爻化子孫及化帝旺者不拘病之遠近
治之即愈—近病者妻財逢旬空及動而化空或卦逢六
冲及卦變六冲不服藥可愈久病者財爻逢旬空月破及

動而化空卦逢六冲或財動化鬼鬼化財兄弟化財
財化兄弟病凶不治

熟讀此總訣斷卦已入門徑不過粗知大略未能深造
兼之卦象萬變有種種不易明白之卦義若不盡悉卜
卦祕奧占斷便難準確矣茲將變異之卦演式如下

◎◎飛伏神卦例斷

神者用神也如遇用神不上卦祇可尋取飛神伏神以代
之凡用神不上卦可以日月用神倘非用神須于本
宮首卦尋之因各宮首卦六親全備故也假令占得天風
姤卦

戌土　　　　　　父
申金　　　　　　兄
午火　　應　　　官
酉金　　　　　　兄
亥水　　　　　　子
丑土　　世　　　父　八世

若占妻財例取財爻為用神此卦係屬乾宮當取寅木或
卯木為妻今六爻不見寅卯便是用神不上卦如在寅
卯月日占者可取日月為用神倘非寅卯月日祇可向本
宮首卦乾為天卦內尋之

乾宮第一卦乾為天

戌土　　世
申金
午火　　應
辰土
寅木
子水

此卦寅木妻在二爻借此寅木妻伏於姤卦亥水之下姤卦
二爻之亥水即為飛神寅木妻財即為伏神亥水而生寅
木謂之飛來生伏得長生此乃用神不見尋得伏神而遇
生扶無用化有用例作吉斷
又如占得天山遯卦

父　戌土
兄　申金　應
鬼　午火
父　申金　世　八
財　午火
子　辰土

如占子孫事例取子孫為用神此係乾宮卦以水為子孫。
而六爻不見水亦是用神不上卦倘遇亥子月日占此可
以日月為用神否則亦必於首卦乾為天內尋之屬初爻
之子水伏於遯卦初爻辰土之下辰土即為飛神子水便
是伏神此乃飛來剋伏（即土剋水也）謂之飛剋名曰
伏神受制有用化無用總之除八宮首卦外凡遇
用神不上卦除取日月為用神若
有八宮首卦值空破衰絕可往他宮尋之如乾
宮向坤宮尋取謂之乾坤往來是則不足為法不如再占
一卦以決休咎

二四

伏神有用者六。一伏神得日月生合者。二伏神旺相者三
伏神得飛神相生者。四伏神得遇動爻相生者。五伏神得遇
日月動爻沖剋飛神者。六伏神得遇飛神空破休囚墓絕
者此六者皆有用之伏神雖不現如現矣
伏神無用者五。一伏神休囚無氣者。二伏神被日月沖剋
者。三伏神被旺相之飛神剋害者。四伏神墓絕於日月飛
神者。五伏神休囚值旬空月破者此五者乃無用之伏神
雖有若無

六　喜忌演式

◆六爻動變演式
六爻不動則不變,動則必變。如得三背畫○為陽動則變
陰八得三字打×為陰動則變陽、是也
假令占得水天需卦變出天水訟卦演式如下。

妻　子水　×
兄　戌土　○
子　申金　世
兄　辰土
官　寅木　妻
子水　應　正卦

兄弟　戌土
子　申金
父母　午火
妻　寅木
官鬼　寅木　─變卦

◆進神退神演式

進神者。亥化子寅化卯巳化午申化酉丑化辰辰化未未
化亥。退神者子化亥卯化寅午化巳酉化申辰化丑未
化辰戌化未是也進神乃出化而前進猶如有源之水動
木之榮。有久遠長進之象退神乃由此而漸退猶如秋柳
霜菊日漸凋零演式如下。

卯月乙丑日占求婚成否得火雷噬嗑變水地比卦。

```
○巳火          ×世
巳火    未土     ○
子孫    財      酉金    八應    ○
父子水   戌土    辰寅
       申金    子水
       財      妻財
       兄     父母
       未土
       財
```

財爻持世化進神（未化戌也）巳火子水動而生世但因巳
火化子水回頭之剋必待午日冲去子水午火又合世爻
其婚必成果於午日尢婚行文定禮

❀ 月破吉凶演式

何謂月破卽是正申二酉三戌四亥五子六丑七寅八卯
九辰十巳十一午十二未月建冲之卽爲月破
諸書皆以用神臨月破謂之悖時如枯根朽木逢生不生
逢傷更傷雖現於卦有亦如無雖有日辰之生亦不能生

文王神課　六　喜忌演式

動作忌神不能爲害作變爻不能傷剋動爻此古例也惟
有野鶴老人則謂月破動能傷爻變能傷動蓋神兆機於
動事無吉凶則不動動則爲禍福之基況本月雖破出月
則不破今日雖破逢合之日則不破近應日時遠應年月。
若靜而不動又無日辰動爻生助則到底破矣演式如下。

亥月己丑日占將來有官否得兌化訟卦。

```
       ×世
       未土    八應
       酉金    巳火
父母    亥水    ○
兄     丑土    卯木
子水    財     官鬼
父            巳火
             寅木
             官鬼
       戌土
```

此卦官動而生世。（附註、初爻官鬼動巳火相生世爻之
未出也）世動化進神（附註未化戌也）世遇旬空（世爻爲未適在甲申旬中午未空也。
之象但官逢月破（月建爲亥官爻爲巳巳亥相冲故曰
月破）顯然有官祿也。
（世爻爲未適在甲申旬中午未空）然空者猶有日辰相冲。（日辰爲丑世爻爲未丑未相
冲）冲空則實不爲空矣而破者又無日辰動爻之生占
以日辰亦生不起既無所用何故動而生世卦象可疑再
次得水地比卦。

```
八應    、    八    八世    八    八
            八
```

文王神課　六　喜忌演式

財　子　戌土　世

兄弟　申金　卯木　巳火　未土
子孫　官鬼　父母　兄弟

斷曰。命若無官難得官來生世及官星以持世也今既前
卦得動官相生此卦又得官臨世位食祿王家應在實破
之年後果於巳年得官若拘泥月破爲百無所用則謬矣
例如辰月戊子日占父何日回家得乾之夬卦

○世　戌土　官　午　父　辰　財　寅　子
未土　兄　申　應　未　　子

斷曰父母持世破而化空。（辰月與世戌相冲謂之冲破。
一）既無日生又無動助以古法論斷作用神冲破無氣其
父當無歸理而野鶴不取古法竟斷朱雀臨父（戊日朱
雀當第六爻故云朱雀臨父）動而持世乃吉兆卯日有
信至午未日必歸果以卯日得信己未日到家應卯日得
信破而逢合之日也應未日到家父化未土旬空出空之
日也。

✿隨鬼入墓演式
古法以世父隨鬼入墓（墓指長生掌訣中之墓絕而言。
一）本命隨鬼入墓卦身世隨鬼入墓爲凶兆泥此則逢

辰戌丑未之日不免有數爻隨鬼入墓不敢占卦矣倘使
深信其說不必看刑冲剋害破散絕空凡遇世爻用爻隨鬼入
鬼入墓即知吉凶安有如此容易凡遇世爻用爻隨鬼入
日墓或入動墓或動而化墓並且休囚無氣者始見凶危
若旺而有扶亦有救解舉例如下
申月戊辰日占夫病癸亥命得同人之離

○應　子　戌　申金　兄　午　鬼　亥水
子戌　財　未土　　　世　　子丑　父　卯

妻占夫例取亥水官鬼爲用神同本命癸亥墓於辰日乃
是夫星夫命同入墓也照古法論必死野鶴論斷不獨不
死反謂明日可愈其理安在蓋因辰日冲動戌土以生申
金而世爻亥水空亡不受其生明日爲己巳冲起亥水得
遇金生其病必愈果於次日得良醫一藥而愈。
未月戊辰日占已定重罪可蒙赦否得蠱之損。

兄　寅　應　父　子　八　戌　財　戌　八　丑　鬼　酉　○世　父　亥　財　丑　×

世父隨鬼入動墓又動而化墓古法爲凶野鶴却以吉斷。

二六

因日月生世丑墓月破。破網破羅。容易漏出。明年逢酉定
蒙赦免。及至次年辰月。果得蒙赦而出。總之世爻用爻遇
休囚被剋而入墓者為眞凶。餘則非眞。

❋獨發獨靜演式

五爻俱動一爻不動謂之獨靜。五爻不動。一爻動獨謂之
獨發。至於論斷當憑生剋沖破旺相休囚不以六爻之動
靜判休咎也。

如辰月甲午日占開煤得家人變益卦。

```
兄  卯 、
子  巳 、  應      財 未
           未 八   父 辰土
           亥水 ○   財
           丑土 八 世
           卯 、    兄
```

丑土財爻持世午日生之。許其可開問應何時見煤斷曰。
丑土財盡未月沖開應在六月。那知開至六月無煤而
復開開而復歇未年占直至亥年辰月始見煤乃應於
獨發亥水化辰土年月俱應也。

又如申月己未日占賊來否得大畜變泰卦。

文王神課 六 喜忌演式

```
           ○ 寅木    八 應     八
兄  寅木    子水      戌土    世 、
   子水     辰土      寅木    子水
```

此卦世臨破鬼而入日墓。(申月與世爻之寅相沖謂之
月破故云世臨破鬼)應自身之厄而獨發動爻鬼變子
孫子女亦多危險勿信世臨破鬼禍患消之古語而不加
防備也時值土匪橫行條來條去一日忽報匪至占卦者
攜妻而逃已出里門因小女未隨復歸抱女土匪擁至與
女同遭賊害論斷皆驗。

又如寅月庚戌日占女病得水火未濟變山水蹇。

```
       巳 、  應    ○
兄  戌子未 ×     申財 酉 ○
               申兄 午 × 世
                  午子辰 ○
                  父寅 八
```

此係獨靜卦。五爻皆動惟初爻不動古有以獨靜而斷應
期辟如此卦寅木獨靜斷寅日生乎抑寅日死乎當看用
神以決之此卦土為子孫雖遇休囚得巳午火動而生之。
未土子孫化進神辰土子子孫化回頭生寅日當愈然亦不
敢下斷語命伊再占一卦。

```
得姤變无妄  戊 戊 、 、
              申 午 、 應
                 酉 ○ 亥水 ○
                    丑 × 世
```

文王神課　六　喜忌演式

二八

父　　兄　　鬼　兄　子　父
　　　　　　　辰　寅木　子

斷曰。亥水子孫化寅木空亡。近病逢空即愈出空之日亦

寅日也與前卦相合寅日大愈後果應驗

◆空亡釋義演式

空亡、即旬空（參看前六甲旬空起例）如甲子至癸酉
日為一旬此十日中並無戌亥在此旬中占卦爻逢戌亥
即為空亡故六甲旬空起例必須熟讀或者預先同值日
六神一併寫出亦可而旬空有真空假空做空動空冲空
填空援空無故自空有散而至墓空絕空害空破空安空
之別古法太覺麻煩矣而野鶴則謂旺不為空動不為空
日建動爻生扶者不為空動而化空伏而旺相者亦不為
空惟月破為空有炁不動亦為空伏而被剋亦為空真空
者春土夏金秋木冬火是也初學遇旬空往往無法論斷
以為到底全空卻又應乎填實之日以為不空卻又到底
全空解決之法凡遇旬空命其再占一卦吉者許其出旬
不空凶者斷空

如辰月乙卯日占求財得家人之卦。

○應八、、八世、、、

兄卯

父子孫　巳火　　未土　財

子水　酉金　　丑土　　父亥

父伏子水、　　　丑土
　　　　　　　　財

戌土子孫　　　卯

兄鬼　　　　　巳

○世八、、應

次得睽之損

丑財持世遇旬空（在甲辰旬中卯日為空亡）雖有巳火
之生而巳火又化回頭之剋（動爻巳火能生世土變出
之子水又回頭剋水也）不生丑土之財還有氣有法有氣不為
扶當主難求但因三亥子丑土財空不為
空不敢竟斷試再占一卦以決之

斷曰。以此卦合前卦而決之。財無氣矣不必勞心妄求彼
問何故野鶴曰。前卦丑財雖空而有氣後卦子水財伏
於五爻未土之下伏而又空空而被剋故知其無財其人
不信往求非但分文未得反受損失

◆生旺墓絕演式

長生掌訣計分十二茲何以獨舉生旺墓絕回字演式蓋
因野鶴占卦只驗此四字其餘皆不驗置不論（生旺墓

三二

絕訣見前）例如主事爻屬木（求財以財爻為主事）占
卦為亥日即是主事爻長生于亥日若在卯日占卦木旺
于卯未日占卦木旺于未申日占卦木絕于申其餘仿此
又如主事爻屬水卦中動出妻爻者亦為主事爻遇長生
動出父爻謂之主事爻入動墓卦中動出亥水動而變出亥水者謂之主
事爻逢絕餘類推又如主事爻屬木動旺動而變出未土
者謂之化墓勤而變出申金者謂之化絕餘類推一金雖
之化長生又動出化木者謂之化絕餘類推一金雖土
長生在巳但須金爻旺相或日月動爻生扶再遇巳日占
卦或是卦中動出巳爻或金爻動而化巳火皆謂之遇長
生倘金爻休囚無氣再遇巳午火多者謂之烈火煎金論
剋不論生金爻雖墓于丑若得未土沖動或卦中土多生
金論生不論墓一土爻雖絕于巳必須休囚無氣又逢爻
剋火反能生土論生不論絕也一巳爻雖長生于寅倘日
月動爻及變出之爻又逢申金者謂之三刑論刑不論生
也。

例如己卯日占妻病得震之豐

文王神課 六 喜忌演式

```
　八世　八、
　八　　×　八
```

戌　申　午　辰土　寅　子
　　　　　　財　　　亥水

◈反伏卦義演式

取辰土財爻為用神近病逢沖即愈久病當于辰日或酉
日告瘥許以辰日者取辰土逢值之日許以酉日者取辰
與酉合動而逢合之日也後來連日昏沈至子日方應
辰土財爻旺于子占時未及想到

卦有卦變爻有爻變爻變者六爻全動爻變者內外卦各
動兩爻論卦以不動為善動則不論占何事都有反復如
內卦反伏則內不安外卦反伏則外不寧內外反伏者內
外不安之象也演式如下
卯月壬申日占隨現任官上任得比之升

```
八應、　八
子　戌　申　×世　八
財　戌　兄　卯木　×
兄　子　子　巳火　父母　八
　　　子　酉金　官鬼
　　　孫　亥水　兄
　　　　　　　　財
```

斷曰。世臨官鬼值月建而旺隨去必成惟因內卦反伏必
有反復而且世爻絕于申日又化回頭沖剋此行不吉不

文王神課　六　喜忌演式

去爲宜其人因至戚得好缺捨不得不去隨之赴任閱三月城陷于賊寇與官同遇害。

◆元神忌神衰旺演式

元神能生用神須要旺相其例有五一、元神旺相或臨日月、或日動爻生扶者二、元神動化進神者、三、元神長生帝旺于日辰者四、元神與忌神同動者五、元神旺動臨空化空者。（參看元神忌神伏神舉例出處一目了然矣）

如酉月辛卯日占求財得兌爲澤卦變雷水解卦。

```
八世　　○　　元神　八應　用神
父未土　酉金　亥水　卯木　巳火
兄申金　兄　　子　　父丑土　官
　　　　　　　　　　　　　財寅木
```

斷曰甲寅日必得見財吉卦也其人問曰。（亦明易理之人）卯木財爻空而破且又被金剋初爻巳火官雖生世亥日冲散又化旬空何以爲吉。（動變之卦皆照正卦論斷吉凶）野鶴答曰神兆機于動予從來不言散正因巳火化空所以目下不見財必待甲巳日出空而見蓋因寅木之財以生官官來生世也後果應驗此卦求財例取卯難生之例也

三○　三四

木財爻爲用神亥水子孫爲生用之元神蓋水生木也。忌神雖動又有不能剋用神者有七一、忌神休囚不動而休囚被日月動爻剋制者二、忌神靜臨空破三、忌神入三墓四、忌神衰動化退神五、忌神動而又絕六、忌神動化絕化剋化破化散者七、忌神與元神同動者以上皆屬無力之忌神不能爲害諸占遇之化凶爲吉

例如巳月乙未日自占病得澤風大過卦變火風鼎卦。

```
　　　　未土　×
○酉金　　世　、
父亥水　　、　酉金
　　　　官酉　八應
父亥水　　　　鬼
父丑　　　　父亥水
　　　　　　　財
```

自占病當取世爻亥水父母爲用神被未土忌神動而剋水幸得酉金元神亦動。（金生水故爲元神土剋水故爲忌神）忌神未土反生元神之酉金金生亥水接續相生化凶爲吉矣豈知亥水月冲日剋值月破而被剋雖有生扶生之不起如樹木無根寒谷不能回春也果於癸卯日病殁應冲去元神之日也此卦爲用神無根元神有力亦難生之例也

◆五行剋演式

凡用神元神宜乎逢生。如月建生、日建生、動爻生、動化回頭生。爻中遇之皆是吉兆。(五行相生訣見前)

卯月己卯日弟占兄得重罪。母叩關能救否。得地雷復變辰為雷

〔地雷復〕
- 子　酉金
- 財　亥水　八、應
- 兄　丑土　（化午火父）
- 兄　辰土
- 鬼　寅木　八、世
- 財　子水

弟占兄例取兄弟為用神。而卦中丑土兄動。被日月卯木所剋。明現大罪難脫。幸得兄爻丑土化午火父母回頭相生(火生土也)。斷曰宜速進行父母化兄而回頭相生。神告顯然。後果蒙恩救免死。

凡忌神仇神雖宜于逢剋。而月剋、日剋、動爻剋、動化回剋。此四剋用神元神若逢其一。他處不見生扶。則為凶。占事樂極生悲。占凶事宜急迴避。(五行相剋訣見前)

卯月戊戌日占父重罪有救否。得澤地萃卦變天火同人。

〔澤地萃　變　天火同人〕
- 父　未土　×　→　戌土　父
- 兄　酉金　　　　　　兄
- 子　亥水　應
- 財　卯木　×　→　亥水　子
- 鬼　巳火　世
- 父　未土　×　→　卯木　財

外卦未土父母。卯月剋之。內卦爻卯未合成木局。又相剋制月剋日刑。全無救助凶兆也。後果罹重刑。

◆剋處逢生演式

受此處之剋。得彼處之生。為剋處逢生。用神元神剋少生多為吉。忌神則反之。故日忌神宜剋不宜生也。

辰月丙申日占弟出痘臨危有救否。得既濟卦變革卦。

〔既濟　變　革〕
- 兄　子水　八、應
- 鬼　戌土
- 父　申金　×　→　亥水　兄
- 兄　亥水　八、世
- 鬼　丑土
- 子　卯木

斷曰。月建辰土雖剋亥水。(月建五行隨所得正卦分配。日建亦然)賴申日以生之。又得動爻相生。雖危有救。果於本月酉時得名醫救活。至亥日全愈。

◆動靜生剋演式

六爻安靜旺相之爻。可以生得休囚之爻。亦可以剋得休囚之爻。猶如有力之人也。

文王神課　六　喜忌演式

假令春天寅卯月占得坤卦

八　世　八　　　　酉金　子　　　　八　應　八
酉金　亥水　丑土　　官　卯木　巳火　未土
子　　財　　　　　　　　卯木　父　　兄
　　　　　　　　官　　　巳火
　　　　　　　　　　　　父

人也。

如占父母巳火為用神三爻卯木當春旺相能生巳火即
為父母相巳火父母既逢春木相生父旺能尅子孫如占
子孫則受矣春木當令能尅丑土未土臨兄弟如占兄弟
謂之休囚無氣餘仿此。卦有動爻能尅靜爻而靜爻縱
使旺相亦不能尅動爻盖靜者如坐如臥動者如行走之

❊動變生尅冲合演式

卦有動必變變出之爻只能生尅冲合本位之動爻不能
生尅他爻而他爻與本位之動爻之動爻不能生尅

假令子月卯日占得坤卦變火地晉卦

父　巳　子　酉　世　八
火　　　金　　　　　　丑土　兄×
　財　亥　　兄　丑　　卯　鬼
　　　　　　　土　　　應　八
　　　　　　　　　　　巳　父　八
　　　　　　　　　　　未　兄

六爻酉金發動酉為動父變出巳火巳為變爻變爻之巳

火只能回頭生本位之酉金不能生尅他爻四爻之丑土
動而能生世爻之酉金不能生變出之酉金（以上二說
一則云變出之巳火只能尅本位之酉金變出之酉金動
而能生世爻之酉金不能生變出之酉金一則云丑土動
不能生尅變出之酉金二說似乎自相矛盾實則變爻不受
有占得之日月能生尅之日之冲之合之其故何耶盖日月
如天能生尅動爻靜爻飛爻伏爻變爻而諸爻皆不能傷
他爻生尅也）亦不能生尅他爻然則變爻孰能制之惟
日月即如此卦日月建子水能尅世爻變出之卯火卯為日
建能冲變出之酉金是也。

❊月將當權演式

月將即是月建又稱月令掌一月之乘權察六爻之善惡
有抑強扶弱制變爻扶飛伏之力如無用神可以月建為
用神不必尋伏神也月建入卦動而作元神者為福更大
動作忌神者為禍更烈

列如酉月丙寅日占謁貴得山風蠱變山水蒙

兄寅、應
父子八
財戌八
　　　　○世
子午　酉金　官
火　　　　父亥、
　　　　　財丑扐

世臨月建之官當得見面但被午火回頭之尅須待子日
沖去午火方得拜謁果得見於丙子日。

❖ 六合六沖演式

六合(歌訣見前)之法有六即日月合爻爻與爻合爻動
化合卦逢六合六沖卦逢六合卦變六合等是也日月
合爻者如丑月占得坎卦世爻子水與月建作合是也卦
逢六合者乃六爻自相和合六沖卦逢六合者乃八宮首
卦內外卦變而成六合者也凡得六沖卦變六合諸占皆吉惟必
用神有氣相宜用神失陷則無益六沖卦變六合可以不
看用神。

如未月丁巳日占巳悔之婚還可成就否得離卦變火山
旅。

```
          、世 八
   兄      巳
   子 未   酉 、 應 八
   財 亥   子 丑
   鬼 子   卯○ 父
   子 辰      木
      土
```

又有三合成水金火木四局者(三合訣見前第二章)其

此卦雖然難以吉斷惟因屢驗六沖卦變合散而復聚離
而必合此婚一定可成果於次年三年成婚。

文王神課　六　喜忌演式

法有四一卦之內有一爻動而成局者一也有兩爻動而
成局者二也有內卦初爻三爻動而變出之爻成三合者
三也外卦四爻六爻動而變出之爻成三合者四也然此
三合卦有凶有吉○如占功名合成官局謂之官旺合成
財局財旺生官倘合成財局者乃傷用之神也○如占
求財合成財局者謂之財庫合成子孫局者謂之子孫局生
合成財局者謂之子孫合成子孫局者謂之子孫局生
財合成兄弟局者為破財耗財阻隔之神也如占婚姻夫
婦宜財官旺而合局又如占官訟憂疑而合局者錮結其
心難于消釋○如占家宅田地居外卦應利于
他○如占財田宅不宜外卦尅內宅宜內
卦生外爻內卦為我外卦為他外卦合局而生內卦者吉
尅內卦者凶

如卯月丁巳日上下村農因爭田水廍打占得離之坤卦

```
          ○ 應 八
   兄      巳
   子 未   ○
   財 酉
   子 丑   財 酉
   父 卯   鬼 亥 世 八
            子 丑 ○
            子 未 卯
```

斷曰內卦為我村亥卯未合成木局外卦為外村巳酉丑
合成金局金來尅木幸衰金不尅旺木(卯月為木旺之

文王神課　七　分類斷卦

時)不足畏也況係六冲卦變六冲(離坤皆屬六冲)自
有人解散必不成訟後果經人勸散。

❋勸散卦象演式

占卦以日辰冲動爻謂之冲散又以父動冲爻亦能冲散。
惟旺相及有氣者冲之不散。

如丑月丁酉日占父出外一載無音得風水渙變坎卦。

○卯木　父　、世　八
　巳火　兄　　　八
　未　　子　　　八
　午　　兄　、應　八
　辰土　子　　　八
　寅　　父　　　八

卯木父爻動而生世又化子火回頭生許之在外平安世
空者交春必歸果於二月得意而回此卦卯動被酉日冲
之何嘗散也。

七　分類斷卦

❋占財福

卯月甲申日終占身財福得復之頤。

　酉　×　八
　亥　　　八
　丑　　　八　應
　辰　　　八
　寅　　　八
　子水　　八　世

子　財　兄　兄　財
寅

子月乙未日占終身財福得兌卦。

斷曰五爻亥水財世爻子水皆長生於申日雖不當令
却得日建之生獨嫌酉金福神(子孫為福德之神諸事
遇之皆喜惟占功名忌之)破而化絕生平衣祿不少難
以積蓄成家果然此人自三十七歲進某當舖三易東家。
此人依然為掌櫃缺每年工食僅資養兒毫無蓄
積

子月乙未日占終身財福得兌卦。

　未　八　世
　　　　　父
　酉　、
　　　　　兄
　亥　、
　　　　　子
　丑　八　應
　　　　　父
　卯　、
　　　　　財
　巳　、
　　　　　官

斷曰卯木之財而入未巳之墓巳火之官休囚無氣名不
能成就利不能就惜乎旺父臨身才愈高而和愈寡況時爻
遇六冲一事無成之象也後來其人屢逢顯貴聘之才高
氣傲皆不待瓜期而辭歸終無成就。

❋占功名

午月庚寅日占掣簽分發何處得大畜變中孚卦。

官　　　　　　寅
　　子水　戌
財　　巳火
　　兄　丑土　　寅木　子
兄　　　官　　財

斷曰世臨寅木官星必得東缺非廣東即山東獨嫌子水月破動而化絕難期到任蓋因財爲養命之源且爲朝廷之祿今財臨絕地是無財無祿世爻寅木無水滋生乃是凶兆後果應驗。

辰月乙未日占終身功名有無得地火明夷變豐卦。

八　亥
父　酉
　　兄　亥
八
　　官　午火
　　兄　亥　丑土　八
世　×　丑土
　　官　午火
　　子　卯　　應

此公原是武庠已任過卑官因病告歸故問將來還有功名否此卦丑土官星持世化出午火財旺生官乃功名顯達之兆也占卦時爲卯年巳年援例加捐官至府佐戌年陞任太守古法以動而逢冲謂之散此卦未冲世爻之丑土竟不見散官星猶旺故也。

戌月戊辰日占終身功名有無得蠱卦。

應　八　八
寅　子　戌
　子　戌　酉　世　亥　八
　　　八　　丑

斷曰世臨丑巳日生之月建扶之可遂兒孫期頤之祝。必享高年此人壽至七旬。

兄　　父　　財
　　官　　父　財
八　　　　應
子　未　酉　申
財　財　兄　午　子
　　八　　八
　　　　世　辰

斷曰日月作財生世白虎臨金官持世若入武途可以立功官星持世日月生之應歲五（歲太歲五第五爻也）生世平步青雲之兆也後來此人隨營破寨屢建奇功官至元戎。

巳月乙卯日占終身功名得旅卦。

兄　巳
　　子　未　酉
八　　　　應
　　財　　財　午　申
　　子　辰　　八
　　世

斷曰此卦雖是爻逢六合嫌其子孫持世（占功名最忌子孫）官逢月破難得成名縱使援例捐官終難食祿其人早已納捐至子年得病丑年疾殁。

辰月乙巳日占壽得中孚卦。

❖占壽元

鬼　卯
　　父　巳
　　兄　未
八　世　八
　　兄　丑
　　鬼　卯
應　父　巳

斷曰世臨未丑巳日生之月建扶之可遂兒孫期頤之祝。

文王神課　七　分類斷卦

申月己卯日占壽得山澤變復。

```
○應　　　　八　　戌
寅　財子　　　兄戌八
酉　鬼　　　　兄丑八
　　　　寅　鬼卯　世
　　　　　　父巳○
```

斷曰若論父爻鬼動人壽不久今見多鬼搖發反爲無妨。
今年太歲在子還享八年之福及至未年鬼多入墓又是
世逢年破壽運將終矣後來果於未年七月疾殁。

❖占趨避

丑月戊子日占夢得益之中孚卦。

```
朱雀　青龍　玄武　白虎　螣蛇　勾陳
　　　　　應　　　八世
卯木　　巳火　　未土　　辰土　　兄寅木　　父子水
```

此人因夢一身之血入河洗滌斷曰血財也洗去者破財
之兆也卦中螣蛇發動化進神（寅化卯也）剋世剋財（
寅木剋辰土未土也）不獨劫財還須防身遭木害因巽
宮屬木且係土木動剋世故也而世與木爻皆在内卦出外
可以避免惟巽爲少女勿近少婦其人因年近歲逼不能
外出果於正月亥日宿妾房被盜入室席捲一空身受木

器傷。凡占一切避凶若得子孫持世或福神動於卦中皆
爲吉兆。

巳月戊辰日占防流兵得臨之暌卦。

```
雀　　　巳子酉×
龍　　八應　　財亥
玄　　　　　兄丑×
虎　　八　　兄丑
蛇　　　　鬼卯　世
勾　　　　　父巳、
```

時值流兵爲害到處遭殃有周森者粗知易理占得此卦
焦急萬狀以此卦告野鶴曰巳酉丑合成金局而剋世
爻又臨螣蛇之鬼數在剋中莫能逃也野鶴笑曰即使君
與兵賊同居保爾無事蓋子孫合成金局剋去身邊之鬼
夫復何憂周森曰酉金子孫旺於巳月又化巳火論剋果
能論生野鶴曰酉金得丑未二土以相生如何論剋後果
屢逢流兵或避或不避皆得安然無恙子孫爲福神益覺
應驗矣。

寅月丁卯日占流年得益之暌卦。

```
子巳、
　財未○世
酉、
鬼
財辰八
卯兄寅×應
父子、
```

斷曰。今秋必有險厄。寅木勳爻臨月建化進神尅世。此時
正月太歲發榮不來尅害。六七月衰墓之時防土木之厄。
宜往外方可避目下之災。六七月宜往東方。此人捱至七
月初七夜又得凶夢。次晨始向東行二十八里始知鄉里
地震人口被傷無數。獨伊得免亦云幸矣。
巳月丙戌日占通鄉避亂得乾之大有。

```
父戌、世
兄申○
兄午　　鬼午　　父辰、應
　　　　　　　　財寅、子子、
```

方生我何害。

衆術士咸以子孫屬水金勳生之。宜避北方。野鶴獨持異
議。以爲兄勳化進神乃破財之象。午火得令而生世往南
避之爲吉。鄉人信之。蓋趨南方後果賊匪從北來放火燒
村而去。房屋稻米盡成灰燼。乃申金兄勳破財之應也。所
以避難生方爲吉。子孫方亦吉。又當以衰旺分別火雖鬼

防玉碎珠沈之變。財旺兄衰終須反目尅財。財退必主生
離。此爲占論夫婦之大綱。
酉月辛巳日占夫婦將來和好否得泰卦。

```
八應八
子酉　　財亥
　　　　兄丑
財　　　兄辰、世
鬼寅　　子
　　　　　財
```

斷曰。兄弟持世以尅妻財。幸財爻亥水酉月生之財旺難
於尅害。而且巳日沖動亥水又臨驛馬妻財臨馬而暗動。
心去難留主離之像。後果離異。○卦中財爻多現若欲分
正庶自當以應爻臨財作正室之位。倘被日月勳爻沖剋
及勳而化凶。主傷結髮之妻。若得他爻之財旺相。或勳而
化吉。或他爻變出之財旺相。及生合世爻者主再娶之妻
偕老白頭。若遇妻財不臨應爻。以正卦之財爲正妻卦變
之財爲再娶。

◆占夫婦

夫婦之占須分別占壽占病占和睦等用途。每卦只占一
人。不能爲妻妾同問。凡得財福生身可遂唱隨之願應爻合
世。可爲和睦之徵。弟兄持世應鼓盆箕踞之悲。財勳化凶。

巳月丁未日占夫婦偕老否。得无妄變觀卦。

```
戌、
鬼申、
財未子午○世八
　　　　　財辰八
　　　　　兄寅
　　　　　父子○應
```

文王神課　七　分類斷卦

斷曰滿盤俱是財爻世爻變出之未土與世爻相合此未
土之財乃正妻也臨日建遇月生扶不獨偕老且許賢比
周南後知此公妻妾十餘人同居正夫人賢而無妬享年
八十餘歲。

❖占子息

寅月癸亥日占子嗣多少得坤之艮卦。

```
子   寅
酉 ×世  八
財亥    八
兄丑    八
卯 ×應  八
父巳    八
兄未    八
```

斷曰鬼變子孫子孫變鬼見一卽無子此卦兩現無子之
兆其人少年無子自五旬外廣納姬妾連生四子占卦時
長子六歲矣及至臨終四子早已相繼先亡以堂姪爲後
○占子嗣若得子孫爻旺或遇生扶或臨日月及動而化
吉者必生賢子子孫衰弱必生癡愚之子若遇冲剋休囚
墓絕空破等有子亦不育若子孫逢空不礙必得子於
冲空實空之年

亥月庚子日占子孫有無得屯之節卦。

```
兄 鬼 父 鬼 子 兄
鬼 父 子 兄
      卯

子 八
、戌 應 八
申 八
辰 ×世
寅 、
子 、
```

三八

趙公年逾六旬並無所出自知易理占得此卦。喜出望外。
以爲子孫爻化子孫月建合之日辰生之有子必多連納
三妾均不生育後壽終於任立姪孫爲嗣是卽子孫化子
孫有後非已出之應也。

❖占考試

亥月丙戌日占考試得豐之革卦。

```
鬼戌 八
父申 ×世
財午
兄亥 、
官丑 八應
子卯 、
```

父母持世化進神日建作官而生世文章愈出愈奇後勝
於前定蒙首選後果得第一。

午月丙辰日占考試得兌卦。

```
龍 父未 八世
玄 兄酉 、
虎 子亥 、
蛇 父丑 八應
勾 財卯 、
朱 官巳 、
```

古法卦逢六冲冲之卽散此卦雖係六冲世爻皆逢旺墓
不敢決斷再占一卦。

四二

得臨之師卦

```
子 酉 八　　　八應
財 亥 八　　　八　八應世
　 丑 八
兄 丑　　　　卯
兄 　　　官　丑
官 　　　巳○
　 　　　　　父
　 　　　　　寅木
　 　　　　　巳火
```

此卦官星持世。雖前卦官生父旺與前卦相合。許
之必發果得成名凡得六冲卦官父世爻俱旺者不必再
占竟許必發如欠旺者須再占一卦再得吉者以吉斷後
卦凶者即以凶推○凡得六合卦亦要官父世爻得地有
失一陷不遇生扶者雖六合無益也

※占陞遷候補

財動生官得美缺官臨日月必遷陞又旺官持世及日
動爻作官星生合世爻或世爻動化出官星生世皆吉
申月乙亥日占某缺得否得井之節卦

```
　　　　八
父子 戌、世
財　申 八
官　酉○
　　亥、應
　　巳　　財
　　丑×　財
```

斷曰內卦巳酉丑合成官局而生應爻不來生世。正所謂
出現無情不得其缺官生應爻故也果然未得。
寅月乙未日占陞官得比之觀。

文王神課 七 分類斷卦

```
×應
子水 卯木
兄　戌、
子　申 八
官　卯、木世八
父　巳
兄　未 八
```

斷曰卯木旺官持世子水財動相生雖則墓午未日。
戌月辛酉日占何月補官得遷陞之需。

戌月辛酉日占何月補官得遷陞。子水財動相生雖則墓午未日幸世
爻得助無妨果然亥月遷陞

斷曰寅木財爻生助午火之鬼火鬼剋世乃為助鬼傷身。
幸辰土生申金午火貪生忘剋今年冬月必陞後果陞於
冬月以應辰土化子水空亡十一月則不空矣。

※占在任吉凶

```
子子 八、
父戌、
兄申 八世
兄申、
　寅
子午×
　　　寅
父辰× 應
```

官旺財與仕途顯赫子搖兄動減俸休官官旺遇生扶。或
動而化吉世旺財旺財動以生世爻三合官局生合世爻或官星持
世日月生持日月生合世爻皆主兵民頌德宦海
無波官臨日月生持歲五（註見前）又相生合近君者必蒙異寵
在位者不次超陞外任者必叨卓異若遇兄弟持世兄爻
發動不是破耗財物定然減俸除糧子孫持世及子動爻

中有剝官削職之憂倘得官星動而有

制降級而已凡官旺兄與清風兩袖父發兄旺恩露三錫

旺父臨世官動臨歲五或日月生扶外任蒙上官識拔近

君得三錫榮加官鬼安寧地方少事鬼爻亂動地方多災

凡日月冲剋招誹謗日月剋官或剋世朱雀騰蛇剋世或

世爻休囚者得禍不輕官剋世世爻相旺官衰者亦主誹謗

世衰官旺若臨蛇雀必見彈章世爻相旺官化凶神將冲

變合官星旺相世化凶神及世官得地財化凶神皆爲晉

爵之兆若卦得反吟（見前反吟伏吟釋義）雖是身動不

安若得世與官爻旺相一定陞遷世爻衰者必遭

降罰世與官星被冲被剋者必有不測之禍又如世兄官

空破居官不久身衰化鬼命盡當危世衰化鬼壽命難長

此爲論斷之總訣

寅月壬午日占在任平安否得卦之噬嗑卦

```
兄　寅、八
父　子　八
　　　　世八
戌×　辰　八
財　　寅　八
　　鬼　酉　應
財　　子、父
```

某官自知易理占得此卦語野鶴曰我占今歲在任流年

得世爻變鬼之卦我甚愛之野鶴曰世爻戌土雖則休囚

得午火生之自身無妨須防孝服某官曰財非臨白虎如

何應孝服野鶴曰午日冲動子水父母被戌土財爻之剋

世化官空八九月必見孝服果於八月丁外艱

丑月乙卯日占援例捐陞官職利否得豫之否卦

```
戌財戌×
申官申×
子午、應　八
兄卯　八
子巳　八
　　未
　　財
```

斷曰財動生官不宜世臨月破破而被剋者有官不能享

也其人不聽竟自捐陞後果名敗身喪

丑月丙辰日占具文伸枉能否保全官職得大壯之夬卦

```
兄戌×　八
子申×　八
子申　八
　　父午、世
　　兄辰、
　　官寅、應
　　子
　　財
```

父母持世月建文書極旺但不宜子動傷官七八月申金

當令之秋功名壞矣後果蒙上台題保未蒙准行至八月

削職

※占求利（附用神兩現舍取法）

諸書論求財甚雜當推黃金策理論最準茲錄其應驗

者如下。財旺與（福子孫爻也）公私稱意。財空絕上
下違心。子孫為生助財爻（占財例取妻財為用神。）之
元神俱宜旺而化吉。又宜生合世爻。若逢妻墓絕空刑冲
剋害動而變凶。日月冲破者。公私財氣皆無。有福無財兄
弟交重偏有望。兄弟乃劫財之神。占財最忌財與兄爻同
動。必主阻隔破耗子孫兄弟同動。或財、兄、子孫爻俱動則
兄動生子。子動生財主吉。

酉月戊午日占求財得革卦。

八、
未 酉、世
鬼酉　兄亥
父酉　兄亥　鬼丑
　　　　　子卯、應

文王神課 七 分類斷卦

斷曰。卦中財爻不現。亥水兄爻持世。父臨月建生助兄爻。
求財猶如緣木求魚也。

未月庚子日占求財得天風小畜卦。

卯、
子巳　　八應
兄巳　未辰
子巳　財辰　兄寅
財未　　　　父子
　　　　　　世

斷曰。應臨月建之財以剋世。許之必得。問何時到手許以
次日辛丑冲動。天財穩可到手。後來得財於辰土出空之

日。此乃舍其不空而用旬空也。

此卦用神兩現。蓋求財以財爻為用神。卦中財爻兩見。例
當舍休囚而用旺相。用神兩現之卦。甚驗。舍取之法不一。
或則舍靜爻而用動爻。或舍月破而用不破。或舍旬空而
用不空。或舍被傷而用不傷。此係方法不可拘泥。間有應
驗旬空月破之舍。去不空不破者。是在神而化之。證以化爻
之五行變通取用。

巳月丁巳日占求財得既濟變渙卦。

×應
子水　兄戌、
鬼　　父申　八
○世
亥水　丑土×
鬼　　卯木　子卯
　　　　　木
財午火
官辰土
子寅木

斷曰。此卦若占久遠之財。則無財。若問目前財氣明日戊
午必得其故何在。蓋因兄臨世。爻日破月破不剋變出之
財。況日月俱作財來冲也。只爲應爻逢空。明日冲實必有
財氣到手。待至明日果然進財。

❖占行人

問行人歸期有遠有近。遠則應月近則應日。世爻用令人
未動用爻剋世必然歸。若問行人否泰另占一卦。

文王神課　七　分類斷卦

酉月戊申日占母在外何時來得旅之艮戌
卦

兄巳、
子未
○應、　（西申）
才申　兄午　子戌才（辰土）
父卯木

此卦用神伏而受剋六合變冲必不來後果不來。

戌月丙戌日野鶴由江右登舟占一路平安否得蠱之巽
卦

兄寅、
子水
父戌才
酉世　鬼酉
父亥、
才丑八　（巳火）

卦見酉金鬼爻持世一路憂疑初不知應于阻風及至戊
子日風雨大作不南行舟泊南康始悟此卦子水父動應
子日之風雨也見其化出巳火子孫即知巳日必然放晴
果泊五日至巳日天晴得順風而行從此方悟子孫乃行
舟之順風也此非親身經歷何從得知卜易之能卦卦占
斷應驗誠非易事也
未月戊戌日占伯何日來得屯之隨卦。

四二

父母為用神剋世者速至（申金剋寅木也）七月必到後
于亥月方到應亥月者化出之爻也
丑月庚午日占父遠去何日回得履卦

八戌、應
父申金　亥水
鬼辰
子寅木
兄子八世八

斷曰今日乃是午火為父母剋世今日必來果于本日申
時到

凡占行人要看主象即用神之名爻官員看官爻幼輩看
子孫爻妻奴看財爻兄弟朋友看兄爻尊長看父爻不在
六親中者看應爻黃金策云剋速生遲凡占行人遇用神
動剋世爻或世落空亡人必速至若遇凡占行人遇用神
必歸遲最忌世爻動用神必無歸來之望也世剋用而
俱動人心轉往他方

❖占疾病
諸書論斷疾病有不看用神身命單看卦象得明夷、大觀、

四六

蠱蟲夫豐同人大畜需卦等。斷之必死。又云蛇動主死虎
動主喪其說謬甚要知占病全憑用神惟卦變與六沖者
方可不看用神而斷生死問久病卦逢六沖卻又可不藥不
論用神之衰旺乃不治之症也近病逢六沖而變六沖因回頭
而愈所以占卦必先問明近病或久病論斷方能應驗新
病遇卦變死剋亦主危亡卦變者六沖而變六沖因回頭
化剋近病亦危例如巽木變乾金艮坤化震巽皆謂之回
頭相剋雖非墓絕亦主危亡若化比和化剋去化回頭之
生近病告痊久病凶六沖故也除此沖剋必看用神（用
神取法不一參看第五章卜易論斷總訣）用神值旬空
及化空者若無日月動爻沖剋冲空之日可愈若逢
冲剋病愈重而不死若值月破須看用神之衰旺旺則愈
於填實之日及出月而愈衰而變剋者必危久病用神值
旬空月破者即使用神旺相亦難醫治近病值旬空若逢
三合六合必成久病用化鬼鬼化用慎防不測忌用用
化忌最難醫治官鬼乃父母之元神父動化鬼乃為化生
輕病即愈久病者鬼化父父化鬼皆主危亡因卜卦占病
最多論例慕詳。
申月丙寅日占子近病得恆之解卦。

八應八
才戌
鬼申
子午　　○世八
　　　　酉金　父亥
　　伏
　　午火　才丑
　　子

申月壬子日占子病得避卦
斷曰鬼變子孫夭折之兆幸得子孫值旬空近病即愈恐
其難過午年後果在出空日告痊午年出花死

、、應、、
戌申
午申　午火
鬼

八世八（六爻五行見前
辰　　六十四卦圖中
　　　　從略）

斷曰令郎貴恙今日即愈此乃適逢其日也卦中官鬼持
世本屬病人之憂幸逢今日壬子午相冲冲去憂心管
教今日立愈果於本日一汗而病痊此卦惟占自身及兄
弟妻兒病者照此論斷都驗若占父母之災官鬼為父母
元神豈宜子冲而傷耶妻占夫亦然非惟不能解憂反爾
添憂也斷卦安可拘泥耶
午月甲寅日占弟占兄病得屯之中孚卦。

○
子水
八應、
戌
申辰　申辰
八×世、
寅木、
子

文王神課　七　分類斷卦

兄　卯木
子　卯木　子孫

兄　父　兄
卯木　父　兄
子孫　子　卯木
　　　子　巳火
　　　孫　未土　父

病人重甚。全家淚眼相對請野鶴到家占得此卦斷曰今
天午夜退災明天卯日可起床矣全家聞言驚疑請問卦
義野鶴曰病者雖是險症究屬近病今見子水兄父值旬
空近病逢空即愈値今日半夜子時而不空故能退災或
日近病逢空何不許以冲空之午日平野鶴
曰因子水化卯木子孫世爻又臨寅木子孫又化卯木子
孫子孫爲占病之福神卦中三見乃是告痊之兆明日爲
卯日正是一家解憂之日也所以許半夜退災次日起床
果於半夜退災次日起病並未服藥送鬼

寅月丁卯日子占父病吃人參好否得萃之卦。

父　未土　×
父　酉金　、應
兄　亥水
子　卯木　才
鬼　巳火
父　未土

占人參必以子孫爲用神今見卦中父動剋子孫不過（
因動爻有兩重土也）遂斷人參不可服也非此斷子占

斷曰此醫不可用雖係子孫持世應爲醫
火剋申金且有卯木生火世爻雖旺巳巳日一定添災其人
不聽竟延此醫治之卯辰日服藥至巳日忽然變症滿身
疼痛病人焦急問野鶴曰不聽君言誤用醫藥要傷命否
野鶴曰世爻月建如何傷命速服解藥至巳午日痛止矣
病者易醫服藥果然痛止占病遇子孫持世雖屬痊愈之
兆惟子孫値月建巳爻不受剋方爲有效受剋即無效

父病以父爻爲用神而未父化戌父父戌旬空人參勿用
藥亦勿服明天辰日冲空即愈次日果愈
申月癸卯日患楊梅瘡占請某醫生療治好否得履之泰
卦

兄　戌、
子　申金　世、
父　午
兄　丑　八
　　鬼　卯木　○應
　　父　巳　○
　　未　父　巳

◈占家宅
父爻持世此處清安宜久住財動剋父另覓吉屋安居父
爻旺相持世逢六合生世合世及世動化父相生或得日
月作父母生合世爻皆爲發福之卦第遇夕吟六冲不久
之象若逢世破冲剋主凶世動化進神主吉

四四

四八

文王神課　七　分類斷卦

造屋與工卦忌六冲鬼動爲忌剋世最凶隨鬼入墓禍事

多逢世父兩爻旺相反化吉者吉宅亨通

修方動工○世臨福德最相宜官鬼交重有禍基世旺遂

生宜化吉世衰受剋且停工子孫之方宜起手官鬼之位年

莫挑泥子孫屬水動工宜於北方官鬼屬火南方不可動

土若鬼在辰戌丑未此方切忌動土入宅六親吉凶○占

問某日入宅宜於父母動爻者再占一卦宜於兄弟者再占父

母卦宜父父爻旺相生扶不宜變動化鬼及刑冲剋制占問兄

弟妻兒亦然倘占某日入宅宜于兄弟妻兒不宜於父母

惟有行趨避之法如木臨父母命爻財動以傷之父母入

宅宜擇剋制金爻之日安父母之床擇剋制金爻之方屢

試屢驗蓋金剋木金爻剋制則木不受傷矣餘仿此

子月丁酉日占某日入宅有礙父母否得萃卦

```
　　　　　八、應
父　未土
　　　酉金
兄
　　　亥水
子　　　　　　卯木
官　　　　　　巳火
父　　　　　　未土
　　　　　八世八
```

断曰。此日入宅卯木暗動以剋父母雖然不利尊長而

此日寅卯申三時皆吉不必改日吾公率婢僕人等於寅

卯時入宅令算令堂可於申時入宅保爾平安彼問何故

答曰申時者卯木絕於申也父母未土長生於申是以吉

而可用父母安床宜於西南方其人依言而行相安十七

年

巳月己丑日因屢試不第占問宅後有廟冲犯否得大有

之乾卦

```
　　　八、應
官　巳火
父　未土　×　　申金　兄
　　　酉金
兄
　　　辰土　世　　寅木　　財
父　　　　　　　　　子水　　子
```

断曰。世爲本宅廟爲應世應相生如何冲犯必然顧前另

有一物所以卦中未土發動而刑也（未與辰並不相刑

不知刑字何指或係書中刊誤耶）乃此故耳其人曰廟

前照牆之後有一株大樹數百年矣野鶴曰即此物也爾

用大獸頭安於屋脊張口對樹則吉再占一卦以卜修補

之後功名有望否得婦妹之豫卦

```
　　　八、應
父　戌土
兄　申金
官　午火
　　　　　八世八
父　丑土　　　卯木　官
　　　卯木　　巳火　財
才
　　　巳火　　未土
```

文王神課　七　分類斷卦

戌月己亥日因衙署不利擬改開後溝占問利否得鼎卦。

```
        朱　青
兄巳、勾      玄
子未、應      虎　才酉、
才酉、才酉、   蛇　亥、世
鬼亥、亥、世   八　子丑、八
```

斷曰修補之後今科必發卦中財動生官官動生世大吉
之兆也是年果中經魁

斷曰不必另開衹須改向東流如言動工發見許多尸骸
白骨始悟鬼爻持世非無因也

❖占墳地

占瑩卜地古法舛誤極多不可為訓茲就歷年占地應驗
諸訣記載如下凡世爻旺相祖父魂安世爻為穴宜旺相
或臨日月動爻生扶乃是吉地子孫乃祭祀之裔宜於持
世或在他爻旺相其地必多子孫逢三合或世與
于孫爻作六合乃是藏風吉穴代代興隆若得六沖卦散
而無氣六沖變合地已去而復來。（此謂地運衰而化生
早去今復重來）此為吉地再得世遇子孫旺相科甲綿
動化回頭生化長生帝旺化日月化進神化合者先否後
泰之兆。

寅月戊午日占墓地得頤變无妄卦。

```
兄寅、      朱　龍
父子×父子水  玄　虎　世
申金
子午火才戌×  蛇　世
      才辰、八虎
      兄寅、八蛇
      父子、勾　應
```

斷曰世爻戌土春天休囚化出午火子孫回頭生世日月
世爻共成三合（寅午戌為三合）青龍戲水以化長生水
源極遠只因申為月破戌土剋子水又被日辰冲散春夏
有水秋冬必動然亦無妨卦中日月世與子孫共成三合
亡者安而生者樂子孫昌盛何愁不發竟葬之辰年下葬
酉年子年二孫皆中經魁

卯月戊子日占地得巽之升卦。

```
○世
卯未
兄卯、      八
 巳火
 子未、     酉、應
 財未、酉、應 鬼酉、
 鬼酉、     父亥、
 父亥、     才丑、八
 才丑、八
```

斷曰世臨月建日辰生之是吉兆但不宜外卦反吟世被
酉金冲剋子孫又被亥水冲剋不宜用之彼曰已買就矣
奈何野鶴曰不葬何妨其人不聽以為地師言美地必較

卜卦有準竟葬之四年之內。二男一女相繼死自身又得
半身不遂之疾主酉年身亡應酉年者謂之再冲之年誤
聽地師之言竟至沒後。
未月己巳日占穴得大壯卦

八
兄　戌
　　申
　　子　　世、、應
父　午火　辰　寅　子　才
　　兄　鬼　子　才

此地經過名地師皆言吉地請人占卜亦許其吉只因屢
掘逢石無處尋穴特請野鶴到塚下占卜得此卦斷曰世
在四爻穴在中段因午火持世即往中段觀看見有一處
草木枯焦有幾朵紅色野花別處皆無曰穴在是矣掘之
必得土穴東家尚疑野鶴曰我有一法將錢一文點記紅
珠亂入數百錢內公可設香案禱告於天紅珠錢簪地處
矣

即爲佳穴東家如法泡製褥畢滿地洒錢。然後尋覓果得
紅珠錢於紅花之下即命人掘下。果得丈餘尼止餘皆石
塊方得點穴落葬次年東家開府五年之內兩子俱登甲
榜此殆東家之福洒錢覓穴如有神助非關占卦之應驗。
然而斷定穴在中段卜卦之術亦神矣

❖ 結論

易之法浩如淵海雖數十萬言不能盡本書僅舉占卦斷
卦之入門秘訣看過一遍必能點卦裝卦至於論斷六親
五行等之歌訣亦羅列無遺惟須熟讀方能引用自如凡
遇卦變爻變之卦須參看本書中之卦圖及演
式只因限於篇幅斷卦諸法未能一一詳述有志學習者
當買卜筮正宗自首至尾統觀一遍占斷自然應付裕如
矣

文王神課　七　分類斷卦

四八

二六、七、再版

未來先知祕術 文王神課

編纂者 張了凡

出版者 廣益書局

發行所 廣益書局 上海四馬路

發行所 廣益書局 上海棋盤街

分發行所
南京 廣州 長沙 北平
南昌 宜昌 萬縣 重慶 漢口 開封 成都 廣益書局

洋裝一冊實價六分